Ein Mensch wird müde seiner Fragen
Nie kann die Welt ihm Antwort sagen

Doch gern gibt Auskunft alle Welt
Auf Fragen, die er nie gestellt

[Eugen Roth]

Herstellung und Verlag: Books on Demand GmbH, Norderstedt

ISBN: 9783837068481

Übersicht

Einführung

Es sind genau 25 Jahre her, als im letzten Jahrtausend eine junge Frau ihren Rucksack packte und losgegangen ist. Losgegangen ist, auf einen neuen Weg für sie selbst in eine neue Zeit, mit vielen Fragen und ungeklärten Antworten. Was motiviert eine junge Frau, gerade 25 Jahre alt geworden, mit einem kleinen Rucksack loszugehen, um in der Welt sich besser kennenzulernen? Mitzuarbeiten in Lepraprojekten, in Aids-Projekten und in Waisenhäusern. Was treibt eine junge Frau an in Deutschland Gelder zu sammeln, um vor Ort zu helfen und zu unterstützen? Inzwischen hat sie mehr als 80 Länder bereist und in den meisten Ländern hat sie kleine, eher unbekannte Projekte, seien es Schulprojekte, Kinderprojekte, Frauenprojekte, Straßenkinderprojekte, Aids- oder Lepra-Projekte finanziell und ideell unterstützt. Sie hat Projektleiter gecoacht, sie hat von Lepra gezeichnete Kinderhände massiert, sie hat Sterbenden in Indien den letzten Beistand geleistet, sie ist mit 20 Kindern an der Hand eine Teilstrecke durch Indien gelaufen, sie ist mit dem Fahrrad durch China gefahren. Sie ist Tage lang mit Zügen in Südafrika und fast ganz Asien gereist, um mit den Menschen in Kontakt zu kommen, um zu hören, was sie bewegt: Fragen zwischen Geburt und Tod…

Viele glückliche Begegnungen prägten ihren Lebensweg bisher.

Bei Mutter Theresa hat sie hospitiert. Die Enkelin von Mahatma Gandhi hat sie kennengelernt und mit Dalai Lama hat sie mehr als einmal ein Glas Tee getrunken und Gedanken getauscht.

Auf die Fragen, was hat mich inspiriert, was hat mich gestützt und getragen und was hat mich geprägt und geformt, versucht dieses Buch antworten zu finden. In teilweise schwierigen Lebenssituationen, Gefängnisaufenthalten, schweren Krankheiten und scheinbar ausweglosen Situationen zu überleben und den besten Weg zu finden.

Dieses Buch will aber auch Antworten finden und ihnen Einblicke in Lebenssituationen anbieten, die die Faszination, die Lebensfreude und den Mut widerspiegeln, die diese teilweise schwierigen Situationen wie durch eine Geburt hervorgebracht haben und die Bestandteil im heutigen Leben sind. Denn es geht beim Stehen bleiben um das Überprüfen, und beim Weitergehen um das Integrieren des Geprüften.

Es geht um das einfach bleiben im Schwierigen und es geht um das Weitergehen im Unwägbaren.

Fühlen Sie sich eingeladen auf eine kleine Reise in das „Reich der Mitte".

Jeder Weg beginnt mit dem ersten Schritt und ... ich bin einfach losgegangen.

Erinnert in China 2008 – 25 Jahre danach. Karin Engel

Ich bin einfach losgegangen …

Wie so oft im Leben sind es menschliche Begegnungen, die einen Mensch prägen, die einem neue Wege zeigen und die einem Einladen und den Mut geben alte Wege zu verlassen und neue Kreuzungen zu betreten.

Ich weis nicht, ob es Ihnen in Ihrem Leben auch so geht, aber reflektierend auf die Zeit der Entscheidungen sind es sehr oft Träume und Visionen, die einem im Leben nach vorne bringen, die einem auch dem Mut geben alte Bahnen, vertraute Wege zu verlassen.

Mir ging es genauso.

Ich hatte gerade eine zehnjährige Beziehung beendet, hatte mehr Fragen als Antworten und die starke Motivation in mir, mit leichtem Gepäck in die Welt zu gehen und dort die Antworten zu finden. Mir war auch klar, dass es das Reich der Mitte sein sollte und, dass ich auf dem Landwege dorthin wollte.

Die Reise nach China begann in Russland. Moskau. Moskau Ende des letzten Jahrtausends ist geprägt von Veränderungen, politischen Neuerungen, aber auch von Armut und Mutlosigkeit.

In dieser Zeit betrat ich Moskau, betrat ich den roten Platz, das Lenin-Mausoleum, das Kaufhaus GUM, ich besuchte die

Lomonossowuniversität, ich sprach mit russischen Studenten mehr oder weniger gut. Aber die Begegnungen alleine machten die Begeisterung aus, die diese neue Reise, in diese für mich neue Welt, offenlegte.

Und ich beschloss, ich fahre mit der Transsibirische Eisenbahn sieben Tage lang durch die Taiga, durch die Tundra, vorbei an Omsk, Novosibirsk, Irkutsk, durch die Wüste Gobi hinein in das Land der Mitte.

Tausende von Kilometern lagen vor uns und die Aufregung stieg bis ins Unendliche. Als endlich der Zug, der uns auf diese tausend kilometerlangen Schienen sicher und gut nach Peking bringen sollte. In dem Jaroslawel Bahnhof rollte er ein. Es war ein wunderschöner Zug. Geschmückt mit weißen Polsterdeckchen, mit alten russischen Teetassen und mit liebevollen Sitzdeckchen, wie wir es nur aus unseren alten Erinnerungen bei unseren Großeltern kannten.

Ich lernte Michael, Mütterchen Eva, Willi und Elisabeth kennen, später stellte sich heraus, dass wir viel gemeinsam hatten. Aber zunächst war es ein gemeinsames Ziel China zu erreichen. Damit uns auf diesen Tausenden von Kilometern auch eine gute Sicht möglich war, putzten wir von außen die Scheiben unseres Zugabteils, denn wir wussten, wir werden dort in diesem kleinen Abteil mit 2 Personen eine Woche leben.

Wir wussten auch, dass wir eine russische Begleiterin an Bord hatten, die uns auf Schritt und Tritt überwachen wird, oder besser gesagt beschützen wird, vor dem, was auf einer solch langen Reise auf uns zukommen könnte.

Punkt 12 Uhr mittags setzte sich die Transsibirische Eisenbahn in Moskau in Bewegung und wir begossen diese große Fahrt mit einem großen Schuss Wodka.

Ich teilte mein Abteil mit Mr. X. Mr. X war ein kleingewachsener deutscher Mann, der sehr verhalten auf mich wirkte. Er erzählte sehr wenig von sich, schaute stundenlang schweigend aus dem Fenster, war fast anteilnahmslos an der Reise interessiert und auf Fragen senkte er nur beschämt die Blicke zu Boden. Ich wusst nicht recht, was ich mit dieser Person anfangen sollte. Sollte ich sie ansprechen, sollte ich ihm seine Ruhe lassen … eigentlich erschien nichts richtig zu sein.

Somit war ich sehr stark auf mich zurückgeworfen und schaute ebenfalls aus dem Fenster, vorbeiziehende Städte, kleine Dörfer, die Taiga, die Tundra, der große Ural, Steppen, Wüsten, weite Flächen, kilometerlange Waldformationen, all das waren Begleiter, die meine Augen entzückten. Zu den jeweiligen Tischzeiten wurden wir von unserer russischen Begleiterin abgeholt.

Fenster durften wir nicht öffnen, sie alleine hatte einen riesengroßen Schlüssel dazu. Wollten wir zur Toilette gehen, mussten wir sie um Erlaubnis bitten. Sie war immer dabei, wenn wir auf Toilette gehen wollten, wartete vor der Tür und führte uns wieder zurück ins Abteil.

Am Anfang schien uns diese Regel etwa merkwürdig, aber im Laufe der Zeit gewöhnten wir uns daran, und damit die Zeit nicht zu lange erschien, kam ich mit der jungen Frau ins Gespräch und bat sie, mir Russisch zu lehren. So hatten wir eine gemeinsame Zeit vereinbart und ich konnte mich langsam an die russische Sprache heranwagen. Ihr Deutsch war sehr gebrochen, aber ich konnte es sehr gut verstehen. Ihre Eltern waren aus dem tiefen Sibirien. Irgendwann nach Moskau gekommen und sie hatte die Möglichkeit über weisrussische Nachbarn etwas Deutsch zu lernen. Ihr Lächeln war sehr verhalten, eher beobachtend, aber es kam von Herzen.

Wenn wir jedoch eine Regel nicht eingehalten hatten, und davon gab es jede Menge, konnte sie uns auch sehr böse Blicke zuwerfen. Wir wussten dann sofort, was sie wollte … obwohl wir ihre russische Sprache nicht verstehen konnten. Denn geschimpft hat sie nur in russisch.

Ihr Hauptwort in Deutsch war STOPP, dann wussten wir, wir mussten auf sie hören, mussten eine neue Regel lernen oder mussten, wie sie es nannte, Mütterchen Russland neu kennenlernen.

Um in den Speisewagen zu gelangen, mussten wir durch mehrere Waggons durchlaufen. Hier hatten wir die Möglichkeit erstmals andere Passagiere der Transsibirische Eisenbahn kennenzulernen. Naja, kennenlernen war etwas zu großzügig ausgedrückt, denn sprechen durften wir mit den anderen Passagieren nicht. Auch hier kam wieder ein „STOPP". Nicht sprechen mit anderen Passagieren!

Als wir schweigend durch unsere zwei, drei anderen Abteile durchgelaufen sind, kamen wir in einem wunderschönen Speisewagen an. Rot und grün geschmückte Kissen, Tischauflagen und weiße Spitzengardinchen säumten unsere Augenweide. Wunderschönes russisches Geschirr aus alter Zeit wurde aufgelegt und als erstes wurde eine original russische Bortschsuppe gereicht.

Alles war sehr wohlschmeckend und manchmal wirkte es wie ein Wunder, in dieser kleinen engen Küche solch köstliche Menüs zusammenzustellen. Die Köche waren fleißig am Werk, das konnte man sehen, aber auch hier wenig Mimik, wenig Unterhaltungen, sondern mehr angestrengtes und eifriges Tun.

Mr. X war immer noch schweigsam, ich habe mittlerweile festgestellt, dass es besser für mich war, wenn ich es einfach achtete. Dafür hatten wir viel Spaß mit Michael, Willi und dessen Ehefrau Elisabeth.

Willi war ein Manager bei einer großen deutschen Firma und sehr viel gereist. Wenn er von der Welt berichtete, hörten alle nur schweigend zu. Viel hatte er zu erzählen und Elisabeth seine Frau untermalte seine Ausführungen mit viel Lebendigkeit, Lachen und Freude.

Michael war ebenfalls sehr weit gereist und zwar mit seinem Mütterchen Eva, die sich schon lange auf diese Reise vorbereitet hatte. Viele Stunden haben wir über das Leben philosophiert und Gemeinsamkeiten entdeckt.

Die Nächte in der Transsibirische Eisenbahn waren für mich gewöhnungsbedürftig. Die Schienen, auf denen unser Zug entlang fuhr, mussten im Winter 70° C minus aushalten, demzufolge mussten sie in jedem Frühjahr neu ausgerichtet werden. Die Kälte im Winter verzerrte den Lauf, und da wir im Monat September unterwegs waren, merkten wir die Veränderungen im Schienenlauf und es ratterte. Es ratterte tagsüber und es ratterte nachts so spürbar, das man meinte dieses Geräusch geht einem durch Mark und Bein.

Einschlafen konnte ich nur sehr schwer, denn all die Gespräche, die Bilder, Mr. X bei mir im Abteil und dann das Gefühl sich langsam durch Russland auf die Mongolei zu zubewegen, machte es mir oft schier unmöglich einzuschlafen. Soviel Spannendes lag an Gedanken, Einflüssen und Erwartungen in mir.

Wenn es einige kurze Stopps in Omsk, in Novosibirsk gab, war wieder unsere Beschützerin an unserer Seite.

Wir durften den Abteilwagen verlassen, mussten aber direkt am Zugwaggon stehen bleiben. Wir durften uns auch nicht zu weit von unserem Zugabteil wegbewegen, es schien als wollte sie uns immer in ihrem Blick haben. Ein Verlassen des Bahnsteiges war mit einem strengen STOPP belegt. Auch daran mussten wir uns gewöhnen.

Zu wissen, dass in ein paar Monaten hier eine klirrende Kälte von minus 70° C zu erreichen ist, war für unsere Vorstellung recht schwierig. Aber die dicken Mäntel der Frauen, die an der Zughaltestelle heiße Kartoffeln verkauften, zeigten mir, dass sie sich auf den kalten Winter vorbereiten.

Die Frauen standen zu zehnt nebeneinander und verkauften ihre warmen Kartoffeln. Sie schmeckten köstlich. Normalerweise war es zwar verboten hier bei den Frauen etwas zu kaufen, aber ich handelte bei der zweiten Haltestelle mit unserer Sicherheitsfrau aus, dass es für uns etwas Besonderes ist, diese Köstlichkeiten zu probieren. Das war auch der erste russische Satz, den ich lernte. Als Dankeschön für mein eifriges Lernen wurde ich mit einer Kartoffel belohnt.

Nach genau zehn Minuten erklang das Zeichen des Einsteigens und der Zug setzte sich wieder ratternd in Bewegung.

Kurz vor Irkutsk und dem wunderschönen Baikalsee wurden wir von unserer Sicherheitsfrau informiert über weitere Regeln.

Da wir nicht unhöflich sein wollten, taten wir so, als ob wir alles behalten würden. Obwohl die Menge der Regeln unendlich erschien, behielten wir eine positive Ausstrahlung. Wir wollten es uns hier sicherlich mit unserer STOPP-Lady nicht verscherzen, denn das schien uns auf dieser Reise nicht begehrenswert.

Nachdem wir in drei Tagen Land und Leute rund um den Baikalsee kennengelernt haben und die Schönheit, dieser Gegend gespürt haben, ging unser nächstes Ziel zum Grenzübergang Sowjetunion-Mongolei.

Aufgefallen ist, dass wir alle Grenzübergänge nachts passierten, das heißt, wir konnten nicht sehen, der Zug hielt an, wir mussten aussteigen, wir mussten auch alles Gepäck im Zug lassen und wurden in eine Holzhütte geführt. Unangenehm war nur das Gefühl, zu sehen, dass sich unser Zug plötzlich ohne uns in Bewegung setzte. Ich muss schon sagen, es war ein beklemmendes Gefühl, wir standen nur mit unseren Pässen in der Hand in einer Holzhütte und sahen zu, wie sich unser gesamtes Gepäck inklusive unseres Zuges, ohne uns, in Bewegung setzte.

Ich lief gleich raus und dachte, hier muss was geschehen, aber unsere STOPP-Lady hielt mich fest und ihr Augenausdruck sagte mir, es ist besser jetzt ruhig zu bleiben.

In einem gebrochenen Deutsch sagte sie mir, dass der Zug die Gleise wechselt, dass in der Mongolei ein anderes Schienensystem liegt und deshalb kleine Veränderungen an den Maschinen vorgenommen werden müssen. Erst nach dieser Erklärung viel mir peu à peu der Stein vom Herzen. Es war kühl in dieser Nacht, und der Himmel war sternenklar.

Nach vier Stunden Aufenthalt mit den russischen Offizieren, die sich sehr lange mit unseren Pässen aufzuhalten schienen, durften wir unser Abteil wieder betreten.

Mr. X hatte bis dahin vielleicht sechs Sätze gesagt. Als wir diese Kontrollstation verlassen haben, saßen wir wieder schweigend in unserem Abteil, plötzlich holte er ein Paket Rubel aus seiner Tasche und legte diese Rubelscheine unter den Teppichboden des Zugabteils.

Ich bekam es mit der Angst zu tun, denn ich wusste hier passiert etwas, was eine größere Konsequenz nach sich zieht, wenn dies auffällt. Ich versuchte mit ihm zu sprechen, aber das schien erfolglos. Er belegte den gesamten Boden mit den Rubelscheinen und legte anschließend wieder sorgfältig den Teppichboden des Abteils darüber und legte sich schlafen. Ich hatte von Anfang an die obere Schlafbridge genommen und hatte nur eine Hoffnung, dass das hier alles gut geht.

Nach vielleicht einer halben Stunde kamen zwei bewaffnete Grenzpolizisten in unser Abteil, mit angeschlagenen Maschinenpistolen. Nun, dachte ich, jetzt fällt alles auf.

Die russischen Grenzpolizisten wollten unsere Pässe noch einmal sehen, untersuchten unser Gepäck und durch das rattern der Waggons viel einer meiner grünen Äpfel aus dem an der Decke angebrachten Netz, auf den Fußboden.

Meine Blicke waren voller Angst und schauten Mr. X streng an. Der russische Grenzpolizist fing an russisch zu schimpfen. Scheinbar war es verboten, frisches Obst, also Äpfel mit über die Grenze zu nehmen und er bückte sich, nahm den Apfel und konfiszierte ihn. In diesem Moment habe ich gedacht, mir bleibt der Atem stecken. Nur ein Millimeter getrennt von einer Lage geschmuggelter Rubel ... wie doch manchmal das Schicksal über „wohl oder weh" entscheidet. Mein Herz klopfte bis zum Hals und ich war heil froh, als die beiden Grenzpolizisten unser Abteil wieder verlassen haben. Leise, ganz leise schimpfte ich mit Mr. X, in welch eine gefährliche Situation er uns mit seinen Aktivitäten bringt.

Er war jedoch verhalten und sagte wie immer kein Wort.

Es dauert sehr, sehr lange, bis ich mich beruhigte, bis mein gesamter Blutdruck und meine Herzfrequenz wieder normal waren und ich ruhig aber tief einschlief. Ein DANKE habe ich den Engeln geschickt, die uns beschützt hatten.

Die Wüste Gobi begleitete uns während einer stundenlangen Fahrt, ich sah die Hauptstadt Ulan-Bator in der Mongolei, vorbei an großen Jacksfeldern, wandernden Nomadenstämmen und aufgebauten Jurten. Die Menschen waren wie wir in diesem Land angekommen. Die Jurten sind große, aufgebaute Zelte, die je nach Witterung und Stammesziel auf- und abgebaut wurden. Selbst die Hauptstadt, die neben großen Hochhäusern noch eine Siedlung Jurten aufgebaut hatten, erschien sehr funktional gebaut.

Die Straßen waren breit, die Hochhäuser funktional und die Menschen liefen mit ihren wunderschönen bunten Trachten und militärischen Uniformen durch die Straßen. Eher lautlos gestaltet sich das gesellschaftliche Leben, zumindest in der Öffentlichkeit, und erst unsere STOPP-Lady erklärte uns, dass es eher unüblich ist, innerhalb der Familie beziehungsweise der Kollegen und Freunde Gefühle beziehungsweise Aktivitäten zu zeigen, die der gesellschaftlichen Norm nicht entsprechen.

An diesem Abend waren wir eingeladen in einem Jurtenlager zu nächtigen, das, begleitet von den dortigen Sicherheitsoffizieren, sehr gut vorbereitet war. Große runde Zelte erwarteten uns. In der Mitte stand ein großer Kachelofen, der uns die Wärme für die Nacht bringen sollte und im Zelt selbst standen sechs Betten kreisförmig aufgebaut.
Eine mongolische Tanzgruppe führt uns bewegende Tänze vor und wir waren am Abend sehr froh, noch Reste unseres Wodkas zu haben, der uns dann auch von innen wärmen sollte.

Nun lagen wir hier in unserem großen Zelt, dessen Wände ich zutraute, den starken Winter hier in den kalten Nächten abhalten zu können. Irgendwann bin ich in der Nacht aufgewacht und merkte das der Ofen ausgegangen war. Ich versuchte mit dem leider sehr nassen Holz Feuer zu machen, was mir aber nicht gelang.

Wenn ich mir so überlegte, hier in der kalten Wildnis zu sitzen, weit ab von jeder Zivilisation und mir die Frage stellte, was inspiriert mich am meisten? Die von außen gesehenen Strapazen auf mich zu nehmen, oder ist es wohl einer meiner großen Sehnsüchte, innere Grenzen zu überschreiten, durch Neues an die inneren Herausforderungen geführt zu werden und dann mit den eigenen Ressourcen und Fähigkeiten zu überlegen, die Situation zu meistern. Verbunden mit einer Portion Abenteuerlust und einer großen Portion Lebensfreude lässt sich aus den einzelnen Bestandteilen ein köstlicher Cocktail zubereiten:

Ein Cocktail der persönlichen Freude an Herausforderungen, gepaart mit Abenteuerlust und Lebensfreude und die Aufgabe an allem etwas positives zu sehen und danach zu handeln.

China – das Reich der Mitte

Es war wieder nachts, als unser Zug aus der Mongolei ausrollte und in China ankam. Die Grenzübergänge schienen auf dieser Fahrt nur in der Nacht passierbar zu sein. Vielleicht wollte man die Überwachungssysteme oder auch die dortigen Kontrolleinrichtungen nicht sichtbar machen, denn für uns war nur ein kleines beleuchtetes Häuschen am Ende des Horizontes erkennbar.

Dass für mich heute noch am meisten beeindruckende Erlebnis war, als der Zug hielt und wir mit unserer STOPP-Lady das Abteil verlassen durften. Es wurde ein roter Teppich ausgerollt, alle Bediensteten der Transsibirische Eisenbahn standen im Spalier rechts und links an dem Teppich und so begleitete uns dieser Parcours bis zu dieser kleinen beleuchteten Holzhütte, mit der Titelmelodie von Tschaikowski „Schwanensee". Dieser Eindruck war für mich so bedeutend, dass ich noch heute, 25 Jahre danach, die erste Berührung, das erste Betreten des Bodens und die erste Passkontrolle in China in einer wunderschönen Erinnerung behielt. Ich habe noch heute das Gefühl höchster Wertschätzung als Gast in einem Land so willkommen zu sein.

Ganz langsam schritt ich diesen roten Teppich ab mit den wunderschönen Klängen von „Schwanensee" im Ohr. Mein gesamter Körper war mit Gänsehaut überzogen und mir standen die Tränen in den Augen, denn einen solchen Empfang hatte ich weder erwartet, noch irgendwann in meinen Leben schon einmal erlebt. Die Töne von Schwanensee waren durch die riesen großen Übertragungsanlagen auf diesem Bahnhof zwar etwas in ihrer Wirkung verzerrt, aber genau das machte das gesamte Entree so menschlich und zauberhaft.

Das Besondere für mich war auch „ich hatte mein erstes Ziel erreicht". Ich wollte das Land der Mitte auf dem Landweg erreichen und ich wollte neue Visionen und neue Erlebnisse in meinem Leben einen Platz für Entwicklung geben. Ich war, mit einem solchen positiven Empfang so überglücklich, dass ich ganz vergaß, dass ich vor einer Passkontrolle stand und das eigentliche Ziel war: einreisen zu dürfen. Wie in jedem Land gehört es sich, eine längere Zeit an der Passkontrolle zu warten. Das war auch hier nicht anders. Warten schien nicht nur in Moskau und in Ulan-Bator geübt zu sein, sondern warten war auch ein Vorzeichen von China.

Nach der Zeit, die es nun einmal brauchte, stand ich vor einem Holztresen, der mit einer großen Glasscheibe den Menschen hinter der Scheibe und mich trennte.
Den Menschen hinter der Scheibe konnte ich nicht erkennen, ich bin allerdings davon ausgegangen, dass der Mensch hinter der Scheibe mich erkennen konnte, denn ich musste meinen Reisepass durch einen kleinen, sehr dünnen Schlitz durchschieben, sodass auf der anderen Seite mir dieser Pass abgenommen werden konnte.

Es war schon ein merkwürdiges Gefühl zu Beginn eine solche Einladung zu erfahren, und dann wie unsichtbar empfangen zu werden. In dem Moment, als derjenige der meinen Pass entgegennahm, gingen in dem Bereich, in dem ich stand, sämtliche Flutlichter an und ich stand in einer vollen Lichtrampe. Man kann sich vorstellen, dass auch hier die Gänsehaut am Körper nicht weit weg war. Es dauerte einige Minuten in dem ich das Kontrollspektakel genoss, als wieder durch diesen kleinen Schlitz in der Glaswand mein Reisepass zurückkam.

In dem Moment erlosch das Licht, ich nahm meinen Pass und ging wieder aus diesem Holzhäuschen heraus. Ich wollte gerade auf diesem roten Teppich zurückgehen an mein Zugabteil, aber auch hier gab es wieder Änderungen.

Der rote Teppich war wieder eingepackt, es standen keine Menschen mehr für uns im Spalier und der Zug war auch nicht mehr da. Ich erinnerte mich an den Grenzübergang in der Mongolei, in dem uns Stunden später erklärt wurde, dass durch die Witterungsverhältnisse in Sibirien und Mongolei die Schienen verändert werden mussten. Das war für mich die Erklärung, warum unser Zug nicht mehr an dem Gleis stand, wo ich ihn verlassen hatte. Auch die anderen Mitreisenden standen fragend an dem Bahnsteig, es war dunkel, es war Nacht, es war kalt und Tschaikowski hatte schon lange seine Töne in den großen chinesischen Lautsprechern eingestellt.

Ich hatte ja schon inzwischen zehn Tage Zugfahrt durch Taiga, Tundra, Irkutsk, Sibirien, Wüste Gobi und Mongolei hinter mir um gelernt zu haben, was Ruhe, was abwarten und was Demut vor dem was geschieht bedeutete. Geschehen hat für mich auch was mit Schicksal zu tun, es geschieht etwas beziehungsweise es wird etwas geschickt von wo und wem auch immer, um an dieser jeweiligen Aufgabe zu wachsen und zu lernen.

Also entschied ich mich in mir die Ruhe zu suchen. Andere Zugpassagiere eilten umher, viele verschiedene Sprachen bildeten ein großes Geräusch, einige versuchten in dem Holzhäuschen die chinesischen Grenzoffiziere zu befragen, was natürlich aufgrund der mangelnden Sprachkenntnisse ohne befriedigende Antwort ausging. Ich versuchte meine Atemübungen, die ich in meinen Yogastunden gelernt habe zu praktizieren und wusste, alles, was geschieht, ist gut für mich. Nach genau einer Stunde und 45 Minuten kam unsere STOPP-Lady plötzlich aus der Dunkelheit hervor. Viele Passagiere schimpften auf sie ein, aber sie blieb in ihrer russischen Art ruhig, bestimmt und lud uns mit wenigen Worten ein mitzukommen. Sie hatte eine große Taschenlampe bei sich und wir folgten mehr oder weniger schweigend diesem Schein.

In dem Moment wurde mir klar, was der Begriff anscheinend oder scheinbar in Wirklichkeit bedeutet. Wir folgten diesem Schein in eine Dunkelheit, die uns mit jedem Schritt etwas mehr Licht eröffnete und hofften nach einigen Minuten wieder vor unserem Zug zustehen.

Der Nebel, die kalte Luft und dieser Lampenschein wirkten in dieser Nacht wie eine kleine Erlösung. Denn bei allen Bemühungen wuchs doch eine Unsicherheit in einem, die nur eine Fragestellung beinhaltete: „Wo ist unser Zug mit all unserem Gepäck und Wertsachen".

Jeder Mensch kann sich bei solchen Situationen natürlich kennenlernen, kann reflektieren und kann schauen, was mit ihm gerade im Inneren geschieht. Wie gehe ich mit meiner Angst um, wie gehe ich mit meinen Fragen um, wie nehme ich andere war in diesen kleinen Grenzsituationen?

Natürlich ist es belustigend, wenn man einige Menschen erlebt, die umherwuseln wie wild gewordene Bienen, die ihren Mutterstamm verloren haben. Natürlich ist es einfach zu urteilen, wie jemand plötzlich da steht im Schock und weint und nicht mehr fähig ist einen Schritt vor den anderen zu setzen. Für mich persönlich ist es jedoch eher befremdend andere zu beurteilen, denn wenn wir ehrlich sind, leben wir bei dieser Beurteilung nur unsere eigenen Interpretationen. Das Staunen hilft mir hier oft weiter.

Ich persönlich entscheide mich bei diesen Grenzsituationen sehr gerne nachzuspüren, was passiert gerade mit mir, was passiert mit meinen Gefühlen, wie gehe ich mit meiner Angst um, wie schaffe ich es im Vertrauen zu bleiben und gebe den Grenzsituationen eine positive Kraft.

Umsomehr freute ich mich, als ich mein altes Abteil wieder gesehen habe, ich wusste alles, was geschieht, ist gut und alle Unterlagen, alle geschriebenen Aufzeichnungen und das Gepäck lagen noch an der Stelle, an denen wir es vor zwei Stunden verlassen haben. So nah liegen Freude, Glück und Erstaunen beieinander und Geduld zu üben, ist eben ein lebenslanger Lernprozess.

Die Erklärung, warum unser Zug auf einem ganz anderen Bahnsteig von uns wiedergefunden wurde, hing tatsächlich mit dem neuen Schienensystem in China zusammen.

Für mich stellte sich die Frage, ist das Reich der Mitte wirklich so lebendig, liegen im Reich der Mitte wirklich Freude, Wut, Enttäuschung, Glück und Seligkeit so dicht beieinander? Heute 25 Jahre danach weiß ich, dass ich in der Vorfreude auf das Reich der Mitte auf China, natürlich China meinte. Aber in Wirklichkeit war es Zeit mich zu finden. Mich in meiner Mitte zu finden und mein Reich meiner inneren Mitte wirklich spüren zu können. Glück hat auch immer etwas mit eigenem Verhalten zu tun. Was meinen Sie dazu? Ist Glück lernbar?

In der Reflexion gesehen, denke ich heute ja, Freude, Enttäuschung, Lebensfreude, Glückseligkeit, alles kann sich in kürzester Zeit einstellen, dass eine Gefühl kann in Windeseile das andere Gefühl ablösen. Das Wichtigste für mich ist diesen Reichtum spüren zu können, erleben zu können, was alles in uns ist, was alles in uns spürbar ist und diesen Reichtum wirklich schätzen lernen zu können und dankbar darüber hinaus zu sein.

Wir mussten uns auch von unserer STOPP-Lady verabschieden, die ab jetzt wieder ihren eigenen Weg zurückfinden musste nach Moskau. Ihre Reise, ihre Begleitung, ihr „uns beschützen" war zu Ende und mit ihr ging ein Stück Mütterchen Russland von uns, denn über sie, wurde uns Russland ein Stück näher gebracht. Wir haben durch den Sprachunterricht ein bisschen mehr russisch verstanden und sprechen können und uns wurde ein Teil der russischen Geschichte so reizend und persönlich näher gebracht, wie wir es wohl aus keinem Buch herauslesen könnten. STOPP …

Unsere Transsibirische Eisenbahn zog langsam mit dem Morgengrauen in China ein. Beeindruckt hat mich der wunderschöne Sonnenaufgang der nicht nur den Himmel sondern auch für uns die neue Umgebung sichtbar machen lies. Ich erkannte die Unterschiede zwischen der russisch-mongolischen und jetzt chinesischen Bauweise. Die Holzhütten und Steinhäuser hatten vereinzelt schon Licht brennen und die Strommasten begleiteten unsere Augenweide. Nach und nach kamen auch mit Beginn des Tages die Menschen aus den Häusern und für uns sichtbar „die ersten blau angezogenen Menschen".

Obwohl Mao schon längst gestorben und als mumifizierte Leiche im Mausoleum in Peking liegt, waren die Gesetzmäßigkeiten des Kommunismus im Norden Chinas noch sehr sichtbar.

Ich sah die Holzwagen von Pferden und Esel gezogen, ich sah die Frauen morgens mit ihrer großen Pfanne (hier in China Wok genannt). Sie bereiteten ihr Frühstück, dass sich aus einer warmen Nudelsuppe oder gerösteten Nudeln zusammensetzte.

Vom Zug aus gesehen, wirkte das Leben sehr lecker. Stellenweise fuhr der Zug so langsam, dass wir die verschiedenen Düfte der an den Gleisen wohnenden Menschen und Dörfer aufnehmen konnten und für mich war es eine starke Sehnsucht all das Erleben, Schmecken und Riechen zu dürfen. Ich konnte mich gar nicht sattsehen, an all den rechts und links vor den Zugfenstern liegenden neuen Straßenbildern.

Es wurde früher Vormittag und unser Zugrestaurant verwöhnte uns mit einem chinesisch-europäischen Frühstück. Auch wir bekamen Nudelsuppe, aber auch einen europäischen Toast mit Eiern. Die Suppe schmeckte köstlich und konnte nach Belieben noch durch verschiedene Soßen, Chilis und Gewürzen verfeinert werden.

Die Besichtigung der großen Chinesischen Mauer in der Nähe von Badaling war das erste Ziel in China. Nach einer längeren Anfahrt mit dem Bus lag das monomentale Bauwerk, das ja auch vom Mond zu sehen ist, vor mir. Viel, aber noch nicht genug, hatte ich gelesen über dieses Bauwerk und war mächtig aufgeregt, nun nicht nur davor stehen, sondern in wenigen Minuten darauf zu stehen und laufen zu können.

Ich weiß nicht, wie es ihnen geht, wenn sie einen Traum lange geträumt haben, und dann plötzlich dieser Traum Realität wird.

In dem man etwas greifen kann, erfühlen kann, betreten kann, oder erfahren kann gewinnt der Traum plötzlich Form und Seele.

Viele Menschen können sich gar nicht mehr freuen, da man sich durch diese Vorfreude auf eine Begebenheit in eine sehr hohe Erwartungshaltung begibt. Dadurch läuft man Gefahr auch enttäuscht zu werden, denn oftmals liegen Realität und Traum doch ein wenig auseinander. Hier war es für mich jedoch so, dass meine Erwartungen und Träume noch überboten wurden. So weit mein Auge sehen konnte zog sich die Chinesische Mauer durch die Natur und bildete eine Grenze zwischen dem realen und unrealen Augenmaß.

Am Abend kam eine neue Herausforderung auf mich zu. Ich lernte mit Stäbchen essen, drei Erbsen nebeneinander! Wenn ich mich heute so daran erinnere, wäre ich ohne den Lehrer, der mir diese Kunst in mühevoller Kleinarbeit beibrachte, verhungert. Ein Muss in China war es mit Stäbchen zu essen, denn Messer und Gabel wurden Ende des letzten Jahrtausends nicht aufgelegt. Wie fremdartig, wie anders, wie neu, ein Land einem entgegenkommt, macht sich nicht nur in der Sprache, sondern auch in den Essgewohnheiten deutlich.

Andere Länder – andere Sitten

Für uns ist es unvorstellbar, nach einem oder vor einem schön angerichteten duftvoll riechenden und wohlschmeckenden Abendessen zu rülpsen oder den Schleim aus dem Mund in einen Topf neben dem gedeckten Tisch zu spucken.

Es war für mich auch höchst befremdend eine Schildkröte auf dem Panzer liegend serviert zu bekommen, wo die vier Beinchen noch in die Höhe ragten und strampelten. Gelernt habe ich, das eine kurz in warmes Wasser getauchte Schildkröte eine Spezialität in Nordchina ist. Das Besondere ist, das die Schildkröte nicht tot sein darf, denn das eben noch warme Körperfleisch ist das Besondere für den chinesischen Gaumen.

Wofür das Loch, das sich vor uns in dem runden Tisch befand, notwendig war, habe ich erst später erkennen können. Als Hauptspeise wurde uns an einem großen, runden Tisch lebender Affe präsentiert, der mit seinem Körper in der Rundung der Tischmitte gespannt war und im oberen Teil nur noch die Schädeldecke des Affen zu sehen war. Meine Vermutungen, die mich in Windeseile auch körperlich berührt haben, sind eingetreten.

Eine Köstlichkeit der Chinesen ist es, warmes Affenhirn als Hauptspeise zu präsentieren und geladene Gäste werden mit dieser Köstlichkeit überrascht. Das heißt der Koch kam an den Tisch, öffnete die Schädeldecke des Affen vor unseren Augen und servierte dieses warme Affenhirn. Bei allem Respekt vor fremden Tischsitten und bei aller Achtsamkeit und Wertschätzung vor neuen Essgewohnheiten fiel es mir sichtbar schwer, bei dem Ritual die genügende Nonchalance zu behalten. Meine Augen waren wie gebannt auf dieses Ritual fixiert und mein Magen drehte sich mehrmals herum. Auch hier kamen wieder alle Gäste, die an den Tisch eingeladen waren an ihre Grenzen.

Jeder versuchte natürlich den Respekt aufrecht zuerhalten vor den fremden Ritualen, aber als nicht nur das warme Affenhirn sondern auch noch die gerösteten Entenfüße mit kleinen Behaarungen neben vielen anderen Köstlichkeiten auf dem Tisch verteilt wurden, waren für fast alle Gäste die persönlichen Grenzen erreicht. Der eine Mann, der schon viel gereist war, erbrach während dessen er den Tisch verlassen hat. Ein Ehepaar versank sein Gesicht in die beiden freien Hände und weinten und eine ältere alleinstehende Frau warf ihren Stuhl beim Aufstehen zurück und rannte aus dem Lokal. Ich blieb sitzen und spürte wie nah Interesse an Neuem und Ekel an gerade gelerntem Beisammenliegen. Später erfuhren wir, es wurde versäumt uns auf diese Spezialitäten vorzubereiten, da der entsprechende chinesische Tischherr unterwegs einen Unfall hatte.

Mir fiel dabei ein, dass die Backkartoffel, der Ursprung allen Seins war. Am Anfang war die Knolle, behauptete auch der Biologe Richard Wrangham.
Die Gekochte wohlgemerkt. Kochen hat uns zu dem gemacht, was wir heute sind, sagt Wrangham. Braten, Kochen, Backen und blanchieren hätten die Menschwerdung wie kaum eine

andere Kulturleistung befeuert und das schon sehr früh in der Menschheitsgeschichte.

Vor fast drei Millionen Jahren begannen global unsere Vorfahren zu kochen. Gemeinhin wird der Beginn der Kochkunst auf eine Zeit vor 250.000 Jahren datiert. Neurologen erkunden den menschlichen Geruchs- und Geschmackssinn.

Ernährungswissenschaftler dokumentieren die Essgewohnheiten mexikanischer Tarahumara-Indianer oder afrikanischer Massai. Sie alle sind der Evolution des Kochens auf der Spur. Kaum einer provoziert so wie Wrangham. Die Gattung Mensch hat sich buchstäblich schlau gegessen, erst die Vorliebe für Gekochtes ermöglichte die rapide Hirnentwicklung. Wer kocht, sitzt gemeinsam um Lagerfeuer oder Herdstelle. Das Sozialgefühl des Menschen ist im Wesentlichen eine Folge des gemeinsamen Mahls und die Liebe geht durch den Magen. Der Mann bewachte die Vorratskammer, die Frau kochte im Freien am Lager oder zu Hause. Das festigte die Paarbindung. Doch was ist es genau, was uns heute bei fremden Gerüchen oder Ritualen so extrem fühlen lässt. Der Mensch bekommt Dämpfe aller Art weitgehend ungefiltert in die Nase. Auch von innen durch die Kehle dringt der Duft an die Naseschleimhäute. Diese direkt auf dem Rachen aufsteigende Duftmoleküle bestimmen in erster Line, ob Essen voller Freude oder mit Abscheu war genommen wird, sagt der Neurologe Gordon Shepherd von der amerikanischen Yail-Universität. Vor allem aber leistet unser Hirn Schwerstarbeit.

Von „Geruchsbildern" wird ausgegangen, das heißt, das der Geruch innere Bilder versursacht. Er vergleicht das Schnüffeln mit dem Sehen. Genau so, wie das Hirn aus Licht Bilder mit Bedeutung formt, konstruiere es aus Gerüchen komplexe Dufterfahrungen.

Die menschliche Nase kann Düfte exzellent unterscheiden sagt der Forscher, das beweise die Kunst der Parfümeure.

Wenn Menschen, Düfte und Geschmäcker weit besser unterscheiden können, als bislang angenommen, dann müssen, so Shephard diese Eindrücke wichtig für die menschliche Evolution gewesen sein.

Die natürliche Ernährung für den Menschen gibt es nicht, sagt Alexander Ströhle vom Institut für Lebensmittelwissenschaft der Universität Hannover. Der Mensch sei „a-natürlich", längst werde auch seine Biologie von der Kultur bestimmt. Zu dem sei es unlauter, alle Naturvölker über einen Kamm zu scheren. Die Bandbreite der Ernährungsweisen ist très figue! Ströhle. So essen beispielsweise die Kitava, in Papua Neuguinea 80% Kohlenhydrate und trotzdem sind Herzinfarkt und Diabetes quasi unbekannt.

Auch die gertenschlanken mexikanischen Tarahumara-Indianer schöpfen ihre, unter Anthropologen als legendär bekannte Leistungsfähigkeit, vor allem aus den Hülsenfrüchten und Getreiden. Das Hirtenvolk der Massai wiederum labt sich fast ausschließlich an Rindfleisch, Blut und Milch. Kurz, so Alexander Ströhle, der Mensch isst, was es gibt. All diese Gedanken, die mich zu dieser Zeit sehr stark bewegt haben, kamen mir, als ich da immer noch auf dieses warme Affenhirn blickte. Der Mensch isst, was es gibt.

Neben dem Essen und den Essensgewohnheiten, die man im Reich der Mitte neu entdecken kann, gibt es auch noch einen großen anderen Bereich, der uns in der westlichen Welt sehr fremd ist. Es handelt sich hier um die Sprache und um die Schriftzeichen. In der Universität in Peking, dort im German Department, habe ich lernen können, dass ein Chinese in der Regel 5 bis 7.000 Zeichen lernen kann. Ein Wissenschaftler und ein Gelehrter, der sich sehr viel mit Büchern beschäftigt, kann nahezu 18 bis 20.000 Schriftzeichen lesen und schreiben.

Das Besondere hier in der chinesischen Kultur ist auch, dass es ein Unterschied gibt, zwischen Zeichen schreiben können und Zeichen lesen können. Es gibt weit aus mehr Menschen, die Zeichen lesen können, aber nicht direkt schreiben können. Für unseren Kulturkreis eher ungewöhnlich.

Der Professor von dem German Department in Peking war ein beeindruckender Mann.

Er war 40 Jahre alt und niemals außerhalb von Peking gewesen. Für ihn war die Welt faszinierend, er kannte sie jedoch nur aus Büchern.

Die deutschen Bücher, die dort die Studenten lesen konnten, bezogen sich durchweg auf unsere Kultur. Es wurde so zum Beispiel vermittelt, dass ein Deutscher gerne Sauerkraut und Würstchen isst, und überwiegend Bier trinkt. Ich fragte mich, welchen Eindruck wir Deutschen in China hinterlassen haben im Laufe der Geschichte. Und wenn ich heute 25 Jahre danach auf dem Airport in Kunming auf der Airportspeisekarte lese, Bratwurst und Sauerkraut (auf Englisch geschrieben) dann weiß ich, dass unser essenskultureller Eindruck in China sich nicht stark verändert hat.

Das Universitätsleben gestaltete sich so, dass morgens gegen neun Uhr Tausende von Fahrradfahrern in das Universitätsgelände einfuhren. Ich selbst habe mir auch ein Fahrrad gemietet, um mich diesem Leben etwas anzupassen und nachfühlen zu können, wie sich der Tagesablauf für einen Studenten in China anfühlt.

Die Studierenden waren, als ich in die Klasse hinzukam sehr ruhig, sehr gespannt und sehr aufmerksam, was ich zu berichten hatte. Der Professor bat mich in Deutsch zu sprechen, denn diese Möglichkeit hatten die Stutenten bisher nicht, mit einem Deutschen deutsch sprechen zu können.

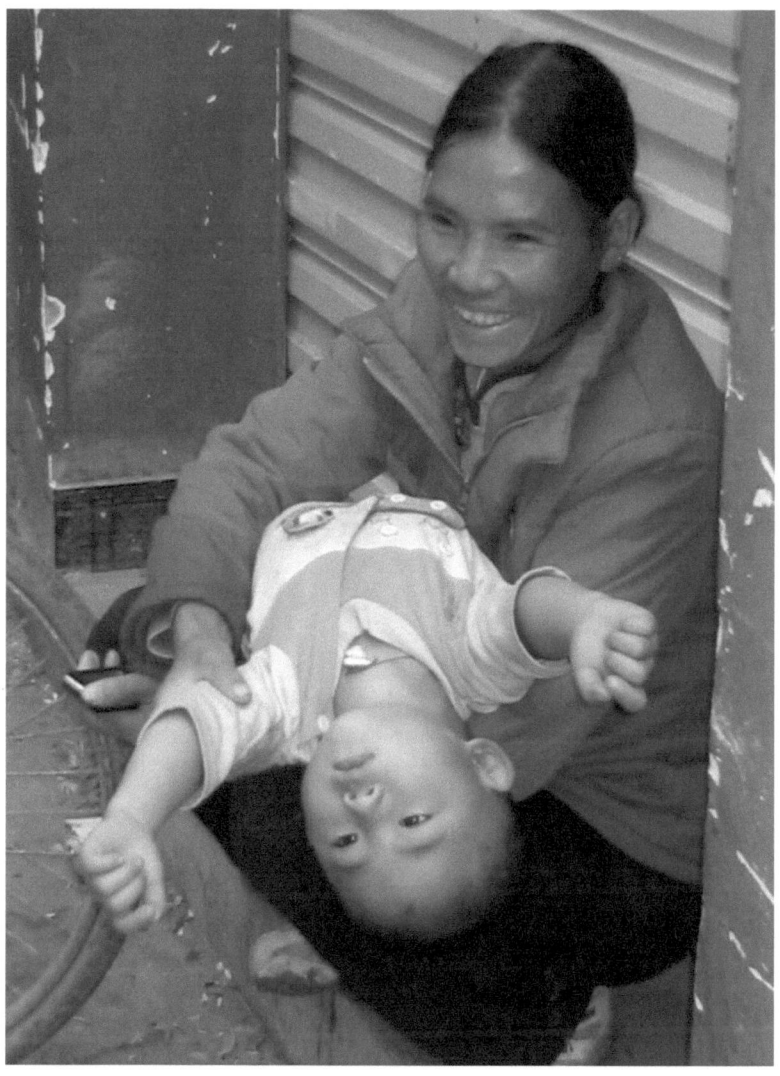

Somit bemühte ich mich sehr langsam und deutlich die einfachsten Sätze zu formulieren und ich war sehr verwundert, in welcher großartigen Weise ich verstanden und wiederholt wurde.

Aufgefallen ist mir, dass das Lernen mit hoher Konzentration, Sorgfalt und Genauigkeit vollzogen wurde. Es würde zwar auch „gekichert", wenn einige Aussagen sehr daneben waren, aber im Großen und Ganzen wurde dem Lernen eine große Konzentration beigemessen.

Ich war sehr beeindruckt, mit welch einer Achtung und Wertschätzung die Studierenden ihren Professor am Morgen empfangen haben. Wenn der Professor die Tür hereinkommt, stehen alle Studierenden gemeinsam auf, sie verneigten sich, in dem sie den Kopf nach unten beugten und ein hörendes „Nie hau" in den Saal hinein sprachen.

Auch ich selbst wurde als Gast so begrüßt, was mich im ersten Moment sehr befremdete, aber die hohe Wertschätzung und Achtung, die mir zu Teil wurde, habe ich tief im Herzen gespürt.

In der Bibliothek des German Departments fand ich Bücher vieler verschiedene Schriftsteller und es machte mir eine große Freude in dem Reich der Mitte, das so weit weg war von Deutschland, Vertrautes lesen zu können und sich mit den Professoren und Studenten zu unterhalten über Kafka und Schoppenhauer und viele andere.

Wie durch ein Wunder fand ich neben diesen tausenden von Fahrrädern am Abend mein eigenes geliehenes Fahrrad wieder. Ich hatte mir vorher einen Baum ausgesucht, in der Nähe ich das Fahrrad in den dafür vorgesehenen Fahrradständer parkierte, aber ehrlich gesagt, ich habe nicht vermutet, dass wir uns wiederfinden würden.

Die Studierenden und ich verabschiedeten uns mit einem liebevollen Zei Tjen und Verbeugung, und so radelte ich mit den Tausenden von Studierenden aus dem Universitätsgelände heraus in die Stadt und von dort aus verteilten sich alle in alle Richtungen. Ich bewegte mich überwiegend auf den etwas leeren Straßen, da es mir interessanter erschien, das Leben an der Straße aufzunehmen.

Autos waren damals nicht sehr viele zu sehen, aber die Fahrräder hatten schon meinen gesamten Respekt. Überall an den Straßenrändern waren Händler zu sehen, die ihre Artikel in Körben anboten. In China ist alles zu finden, man muss nur bei der Sache Geduld üben.

Vorbei an sehr vielen einfachen Hütten und Häusern, aber auch vorbei an großen prächtigen Steinhäusern mit galerieartigen Dächern führten mich die abendlichen Fahrradtouren durch

Peking. Die Leute staunten, schauten und schauten genauso schnell auch wieder weg. Es war wie kurz gesehen, aufmerksam wahrgenommen und dann wieder in den Alltag zurückgehend. Angenehm für jeden Gast, der das bemerken konnte.

Es ist jedoch ein besonderes Gefühl, das sich zwischen Vorsicht, Achtung und Unsicherheit anfühlt, wenn man sich in einer Stadt bewegt, obwohl man genau weiß, dass man die Sprache nicht beherrscht und wenn man eine Unterstützung braucht oder eine Hilfestellung, man hundertprozentig weiß, dass niemand einen versteht.

Genau so war meine Begegnung ein paar Tage später, als ich den Bahnhof suchen wollte. Ich hatte mir vorher überlegt, wie genau werden mich die Menschen verstehen ohne Sprache. Ich malte einen Bahnhof, ich malte die Gleise und ich malte einen Zug.

An diesem Tag hatte ich kein Fahrrad mehr und ich fragte einen älteren Herrn, in dem ich ihm meinen großen DIN A4-Zettel vor die Augen hielt.

Ich merkte in seinen Augen, dass er verstand, was ich wollte und er griff sofort meine linke Hand zog mich, fast schon etwas zu schnell, an der linken Hand durch Peking. Ich wusste, dass ich diese Hand nicht verlieren durfte, und eilte in schnellen Schritten hinterher. Vorbei an vielen Geschäften mit bunten Auslagen, vorbei an tausenden Gesichtern, vorbei an den vielen Fahrrädern immer der Hand des älteren Herrn hinterher.

Reisen fängt nicht mit dem Ankommen an, sondern mit dem Losgehen.

Deshalb habe ich mich entschieden, immer wenig einzupacken, damit der Rucksack auf meinem Rücken kein Ballast ist. Mit leichtem Gepäck durch die Welt ist ein Motto, das ich von meinem alten Freund Berthold gelernt und geschätzt habe, insbesondere bei Auslandsreisen ... und auch im Leben selbst.

Nach dem wir für mich eine lange Zeit durch die Stadt rannten, so konnte ich die schnellen Schritte, die wir voreinander setzten, durchaus bezeichnen, lag vor uns der Bahnhof. Der Mann stellte mich vor dem Haupteingang ab. Ich hatte das Gefühl er hatte seine Arbeit verrichtet, er war stolz, man merkt es an seiner Haltung. Seine Hand zeigte auf den Bahnhof.

In dem Moment waren auch schon wieder einige andere Chinesen um uns herum, die dieses besondere Ereignis dort miterleben wollten. In China ist man nie alleine.

Mein Danke drückte ich in einem bescheidenen Che Che aus und verbeugte mich ebenfalls, wie ich es in China gelernt hatte. Nun begann die nächste Aktion ... ein Ticket kaufen. Ich hatte mir sicherheitshalber von dem deutsch sprechenden chinesischen Professor die nächste Stadt, die ich erreichen wollte, auf chinesisch aufschreiben lassen, legte diese Schriftzeichen am Ticketschalter vor und dachte damit bekomme ich mein Ticket.

Doch in dem Moment, als ich diesen kleinen Ausschnitt an dieser Glasscheibe, die mich und den Ticketverkäufer trennten, vorlegte, kamen noch 20 andere Hände mit Geld in diesen Ausschnitt, denn hinter mir bewegte sich eine Traube von Menschen, die ebenfalls ein Ziel hatten und ein Ticket brauchten.

Ordnung, Sicherheitsabstand und Achten von Reihenfolge schien hier ein Fremdwort zu sein. Alle wollten zugleich die Tickets und dies schien mir als Deutsche unmöglich. Ich merkte auch, wie sich die Masse von Menschen hinten an meinen Rücken anlegte und ich musste mit etwas Abstand zwischen dem Tresen und mir ständig um Raum kämpfen. Diese plötzliche körperliche Nähe, mit all den Gerüchen die Menschen ausstrahlen, wenn sie andere Ernährung zu sich nehmen, war beeindruckend. Die Körpergerüche sind strenger und für mich grasartiger, als unsere westlichen Körpergerüche. Ich blieb im Staunen, denn ich wusste, alles andere führt ins persönliche Chaos.

Nach einiger Zeit war es mir tatsächlich gelungen, ein Ticket zu bekommen und nun begann ich den richtigen Zug, am richtigen Bahnsteig zu finden. Gott sei Dank hatte mir die Ticketverkäuferin in aller Achtung und Vorausschau eine Uhrzeit in englischer Sprache auf einen Zettel geschrieben, von der ich annahm, dass es die Abfahrtszeit war.

Man ist schon sehr darauf angewiesen in einem Land, dessen Sprache einem nicht vertraut ist, zu vertrauen, dass der gegenüber genauso denkt wie man selbst. Ich habe also drei Stunden gewartet, denn der Zug sollte um 13:00 Uhr nach den aufgeschriebenen englischen Zeichen losfahren. Aber um 13:00 Uhr fand ich weder einen Zug, noch fand ich ein Gleis 13, denn dieser war wegen Bauarbeiten geschlossen.

Ein Personal anzusprechen wusste ich erschien sinnlos. Andere Traveller habe ich an diesem Tag in Peking Bahnhof nicht gesehen. Das heißt ich bin zurück an den Schalter, habe mich wieder ca. eine halbe Stunde angestellt, an der gleichen Schlange und hatte ganz viel Glück, dass noch die gleiche Ticketverkäuferin ihren Dienst hatte.

Mit einem großen Achselzucken stand ich vor ihr und verwies auf diese englische Nummer. Natürlich antwortete sie mir in chinesisch, was ich natürlich in der Fülle und Schnelligkeit nicht verstanden habe. Ich bat sie mir das Ergebnis aufzumalen und sie malte einen Waggon auf.

In dem Moment war mir klar, es war die Abteilnummer, in der ich einen Platz hatte. Ich wusste jedoch nach wie vor keine Abfahrtszeit und kein Gleis und bat sie durch verschiedene Aufzeichnungen mir das Aufzutragen, und das hat sie dann auch gemacht. Natürlich hatte sich hinter mir eine riesen Schlange inzwischen gebildet, von Menschen, die nicht warten wollten, die sehr aufgebracht waren, was ich lediglich aufgrund der Ausdrucksstärke, den Augen und der Sprechgeschwindigkeit interpretierte.

Es war inzwischen sehr warm geworden und ich konnte meine Zugfahrt mit nur wenigen kleinen Unebenheiten antreten. Viele

Gedanken bewegten mich, als ich endlich meinen Platz gefunden hatte, von dem ich natürlich nicht genau wusste, ob er mir die ganze Zeit gehörte. Um mich herum wuselte es von Kindern, alten Menschen, jungen Menschen, mit sehr lauten Organen, die mich zwar gesehen haben, aber dennoch nicht besonders beachteten.

Wer bin ich, wenn ich nicht verstehen kann? Und wer bin ich, wenn ich nicht verstanden werde? Was kann ich tun und wie sehen meine Unterstützungen aus, und wo finde ich sie?
All das sind Fragen, deren Antworten zu lernen zum Survival, also zum Überleben, recht sinnvoll sind. Und da mich weiter keiner auf meinem Platz störte, schaute ich stundenlang aus dem Zugfenster, und ich merke, wie manchmal meine Augen in die ruhige Natur nach außen folgten, um dem menschlichen Gewusel um mich herum, etwas mehr Raum und Entspannung zu geben.

Was gab es in den letzten drei bis vier Tagen zu lernen? Es gab ein neues Essverhalten zu lernen, es gab sich in eine neue Sprache, in eine neue Kultur einzufinden, in eine neue Straßenverkehrsordnung und in eine neue studentische Ordnung dessen Achtung und Wertschätzung mir aber nicht schwer fiel, wenn auch manchmal etwas befremdliches dabei war.

An diesem Tag hatte ich sehr viel in mein Tagebuch zu schreiben, aber als erstes kam ein großes Danke, also ein Che Che an mein Gottvertrauen, dass ich immer wieder spürte, wenn es neue Grenzsituationen gibt. Und ich merke, wie eine Kraft in mir wächst, mit einer positiven Sichtweise, viel kreativer Ideen und einem Vertrauen diese Situationen zum meistern.

Gott gebe mir die Gelassenheit!
Jeden Tag, bei jeder Gelegenheit.

Eine kleine Idee wird
zum internationalen Netzwerk

Immer noch ratterte der Zug langsam, bedächtig durch China. Inzwischen war ich in Shanghai ausgestiegen, fand mich schon etwas besser zurecht, war in einem damaligen Friendship Hotel untergebracht, wo ausländische Touristen Unterkunft finden konnten. Wir hatten auch ein anderes Geld, das eben nur in besonderen Hotels und Lokalitäten verwandt werden durfte und ich nahm am Morgen um 4:00 Uhr am Bund in Shanghai an dem großen Tai Chi Sport teil. Tausende von chinesischer Frauen und Männer trafen sich bei Sonnenaufgang auf einer großen Wiese mit dem Blick auf den großen Jangtse, um dort meditative Übungen zu vollziehen.

Allein das Zuschauen versetzte mich in eine hohe Entspannung. Tiefe Bewusstseinsprozesse scheinen hier vorausgegangen und geübt worden zu sein, denn einen solchen Bewegungsablauf kann man nur vollziehen, wenn man sich tief dieser Übung verbunden und hingezogen fühlt.

Die Menschen schienen diese Wirkung von innerer Kraft und äußerer Energie so gelungen kombinieren zu können, dass ich voller Hingabe und Demut diesen Übungen zuschaute und auch langsam versuchte selbst auszuprobieren.

Erst jetzt beim Selbstausprobieren fiel mir natürlich auf, welche Konzentration und Aufmerksamkeit die Übungen von einem Selbst verlangten. Und ich lernte an mir und in mir das Ganze im Reich der Mitte kennen.

Ich sah auch neben all dem Schönen sehr viel Not, ich sah Armut, die mit Stolz getragen wurde, ich sah Menschen vor ihren kleinen Holzhäusern sitzen, die tagsüber alle eine Art braue, kleine Tonne ausspülten, eigentlich sah sie aus wie ein Gurkenfass in Kniehöhe. Dieses Holzfass wurde gründlich ausgespült und in die Straßenrinne gegossen.

Erst Tage später fiel mir auf, dass es sich hier um die persönliche Toilette handelte. Übernacht wurde der Urin gesammelt, am Morgen wurde er in den Straßenrinnsal geschüttet und tagsüber stand dieses Holzfass zum Austrocknen in der Sonne.

Das schien eine Hauptaufgabe von den älteren Menschen zu sein, für diese persönliche Sauberkeit der Toilette zu sorgen. Auch die kleinen Kinder hatten hinten in der Hose einen Schlitz, der sich vom hinteren Rückenteil vorzog bis zum vorderen Geschlechtsteil. Erst später lernte ich, dass man keine Pampers verwendet sondern, dass man um diese Öffnung ein Tuch legt und wenn man merkt, dass das Kind einnässt, sofort das Kind abhält in der Natur oder über dem Holzfass, damit es lernt Bedürfnisse zu artikulieren.
Eine Mutter teilte mir später mit, dass die Kinder deshalb sehr früh sauber sind und ihre Bedürfnisse recht früh ankündigen können.

All diese Bilder kamen mir, als ich noch immer in meinem Zug saß. Ich saß noch immer in meinem Abteil auf meinem Sitz, der sich durch die Sonneneinstrahlung langsam erwärmte, er war aus reinem Holz.

Persönliches …

Ich war gerade 26 Jahre alt, hatte mich aus meiner zehnjährigen Beziehung getrennt und machte mir Gedanken, über meinen weiteren beruflichen und persönlichen Weg. Alles lag vor mir, alles war für mich bereit, ich musste nur entscheiden, in welche Richtung der Zug weiterfahren sollte. Ich merkte dieses hohe Maß an Freiheit, auch an innerer Freiheit, zu entscheiden, zwischen dem, was ich wollte und dem, was ich nicht wollte. Ich merkte genau, wenn ich mich auf das konzentriere, was mir gut gefällt, was mir Spaß macht, überwiegt meine Ideensammlung zu dem, was ich gerne machen wollte.

Ich war zu der Zeit Betriebsrätin in einem großen Unternehmen und für mich war es wichtig soziale Verantwortung zu übernehmen und sozialpolitische Arbeit zu leisten. Ich war schon mit vierzehn Jahren Klassen- und später Schulsprecherin, ich war mit 18 Jahren Betriebsrätin, ich war mit 20 Jahren Schöffin bei Gericht und war mit 21 Jahren Mitglied des Prüfungsausschusses der IHK.

All diese Ehrenämter zeigten mir, dass ich in einem großen Maß an Menschen interessiert bin, an dem Arbeiten mit Menschen und für mich war wichtig sich für Menschen einzusetzen, denen es nicht so gut geht, wie vielen anderen, die Unterstützung und Hilfe brauchen.

Schon als Kind, so erinnerte ich mich, fand ich eine Erfüllung in dem ich alte Sachen, die andere Menschen weggeworfen haben, aus den Mülltonnen herausfischte, sie neu aufbereitete, zum Beispiel Vasen anmalte, Kleider verschönte und sie dann verkaufte zugunsten der Krankenschwestern, die in der Nähe meines Wohnortes für Kranke sammelten.

In der Mongolei, in der ich für einige Tage in einem Kindergarten Gast sein durfte, merkte ich schon, dass mich diese internationale soziale Arbeit sehr interessierte. Die Begegnung mit dem Fremdsein war für mich eine große Herausforderung, der ich wie einer Sehnsucht hinterherlief. In China hatte ich die Möglichkeit bei einem Zahnarzt zu hospitieren und ich merkte, welch alte Geräte zur Behandlung verwandt wurden. Teilweise waren sie so alt, dass sie verrostet schienen und erst durch mühsame Kleinarbeit entrostet wurden. Natürlich war China noch kommunistisch verwaltet und der Staat sorgte für Kinder, kleine Kinder, alte und kranke Menschen. Von daher schien die Not hier nicht sehr groß. Aber die Armut war trotzdem erkennbar.

Noch immer war zu dieser Zeit China überbevölkert, noch immer wurden sehr viele Kinder geboren, erst später wurde, wie wir alle wissen, die Einkind-Familienplanung eingeführt. Innerhalb der letzten 15 bis 20 Jahren zog genau diese Entscheidung von der chinesischen Regierung sehr positiv in eine Richtung. Das heißt, innerhalb dieser Jahre ist es China gelungen von der großen Armut Abstand zu nehmen, eine Vollverpflegung zu erhalten und keiner mehr Hunger leiden muss. Und ich merkte wie in dem Zugabteil, in dem die Sonne hereinschien und ich auf diesem harten Holzsitz aus dem Fenster schaute, meine Entscheidung immer mehr reifte, mich für die ärmsten der Armen dieser Welt einzusetzen. Mir geht es so gut, dass ich gerne davon etwas abgeben möchte. Das bedeutet für mich, gelebte soziale Verantwortung.

Damals habe ich die Ausmaße dieses Gedanken noch nicht überschauen können. Oft ist es ja so, wenn man eine Idee hat dessen Stärke man merkt. Das Ausmaß, das Ende und den Umfang letztendlich kann man aber noch nicht überschauen, weil sehr viele Einflüsse, Wirkungen und Synergieeffekte sich noch ergeben müssen. Aber wie wir alle wissen, beginnt der längste Weg mit dem ersten Schritt. Und dieser erste Schritt habe ich im Inneren vollzogen. Ich habe eine Entscheidung getroffen im Jahre 1983 im Zug von Europa nach China.

Da es mir zu dieser Zeit an einem Partner für eine Familie fehlte und ich die politischen und sozialpolitischen Auswirkungen von Familie, Beruf und individuelle Ziele überschauen wollte, habe ich mich dazu entschieden, keine Kinder zu bekommen, sondern meinen beruflichen Weg und meinen internationalen Weg zugunsten von Menschen einzuschlagen, die Unterstützung und

Hilfe in speziellen Lebenssituationen brauchen. Sei es Kinder, Kranke oder auch alte Menschen.

Natürlich stand das in einen Widerspruch zu dem was Erfolg für viele Frauen bedeutet. Es ist nicht Ruhm, Macht oder ein dickes Bankkonto zu füllen, sondern es ist mehr das Erreichen sehr individueller Ziele. Wenn man heute weiblichen Erfolg definieren möchte, lohnt sich zunächst der Blick auf eine aktuelle Statistik. Bereits 40 % der Rechtsanwaltskanzleien, Arztpraxen oder Boutiquen sind mittlerweile in Frauenhand. Der Anteil von weiblichen Selbstständigen in freien Berufen ist in den vergangenen 15 Jahren ernorm gestiegen. Das spricht für den verstärkten Wunsch unabhängig und nach eigenen Kriterien zu wirtschaften. Frauen wollen heute lieber mitgestalten, statt nur Anweisungen auszuführen. Generell hat die Bereitschaft, Führungsaufgaben und Verantwortung zu übernehmen bei Frauen deutlich zugenommen, stellt auch das Institut für Demoskopie Allensbach fest.

Kein Wunder, noch nie war eine Frauengeneration so gut ausgebildet, wie die Jetzige. Trotzdem gehört nach weiblichem Verständnis zu einem erfolgreichen Leben auch privates Glück. 75 % der Führungsfrauen haben einen Partner, 63 % außerdem Kinder. Und es geht sehr stark um die individuelle Umsetzung der persönlichen Träume. Und genau bei diesem Bild bin ich angekommen.

Heute 25 Jahre später schaue ich auf folgende Entwicklung. Ich habe zur damaligen Zeit mein Abitur nachgeholt, ich habe Sozialarbeit studiert, ich habe parallel in dem Versicherungsunternehmen, in dem ich schon meine Ausbildung und einige Jahre freigestellte Betriebsratsarbeit geleistet habe, eine Stelle ins Leben gerufen, um Menschen in schwierigen Situationen Unterstützung anzubieten. Diese „Sozialberatung" bietet Mitarbeitern und Führungskräften in Krisen Unterstützung an, begleitet von verschiedenen Netzwerken, die ich aufgebaut habe sowie Seminare für Führungskräfte und Mitarbeiter zugunsten der Gesundheit.

Ich schloss an das Studium in folgenden Jahrzehnten sechs zusätzliche Therapieausbildungen an, die es mir ermöglichten mich so auszubilden, dass ich auch bei schwierigen Krisen Unterstützung sein kann, und ich bereiste in den letzten 25 Jahren 80 Länder in den Kontinenten Südamerika, Afrika und gesamt Asien. Ich habe eine große Bilderausstellung von meinen 7000 gemachten Dias aufgebaut, die ich in große Stadthallen und Kulturzentren ausstellen kann, ich habe verschiedene Bildervorträge per Dia oder heute per Laptop aufgebaut, um Menschen in Deutschland über ausländische soziale Projekte und soziales Leben zu informieren, dadurch Geld zu sammeln, um dann im nächsten Jahr neue Projekte zu suchen und finanziell zu unterstützen.

Zu diesem Zweck habe ich gemeinsam mit guten Freunden, die das Interesse teilen, einen gemeinnützigen Verein gegründet mit dem Namen INCA (Internationales Netzwerk für Cooperation und Ausbildung).

Die Begegnung mit LEE

Während ich eine Teilstrecke durch China mit dem Fahrrad fuhr, bewegte ich mich in der Seidenmetropole mit dem Schiff. Auf dem großen Jangtse River vorbei an Hang Shou, Wuxi und Sushse bewegten mich einflussreiche Bilder. Die Schluchten waren so hoch, dass man selbst, wenn man den Kopf ganz hinten in den Nacken legte, das Ende der Berge nur schwer erkennen konnte. Vom Schiff aus schien alles viel gewaltiger und höher. Beeindruckend war die Fahrt und beeindruckend war auch das jeweilige Aussteigen in den kleinen Dörfern, die am Rande des Rivers lagen.

Aber auch Chongking war mit 32 Millionen Menschen keine kleine Stadt. Die Stadt hat die Ansiedelung wie Österreich. Im Kern der Stadt leben 4,3 Millionen Menschen. Städte die beeindrucken.

Natürlich steuerten wir auch größere Städte, Millionenstädte an, wo alte Menschen Karten spielten, wo ständig die Pfannen brutzelten, um ihre Essen zuzubereiten, wo Wan Tans (Teigbällchen) mit der Hand hergestellt wurden und wo Tausende von Menschen ihre Fahrräder und kleine Motorräder bewegten.

China vor 25 Jahren sah etwas anders aus, als heute. Damals bewegten sich noch vielen Menschen in blauen Anzügen durch ihr Land, im Norden stärker als im Süden.

Dennoch war die Jangtse Tour eine Besondere. Das Schiff war im oberen Bereich nur für Touristen geöffnet. Wir Touristen waren von der übrigen mitfahrenden Besatzung und auch Passagieren durch ein Stahlgitter abgetrennt.

Es sollte nicht erreicht werden, dass wir uns mit den Chinesen unterhalten sollten. Es wurde zum Essen gehen und bei dem Aufsuchen der Toilette strengstens darauf geachtet, dass keine Konversationen aufkamen. Was natürlich aufgrund der Sprachunterschiede sowieso eine große Hürde war, dennoch sorgten die Angestellten des Schiffes sehr für diese Disziplin.

Da mir die menschliche Sperre zu tiefst gegen mein Inneres sprach, bin ich in der Nacht über die Absperrung, die zwei Meter hoch war, geklettert und bin durch das Schiff gelaufen. Mir war klar, wenn mich einer der Angestellten auf dem Schiff sehen würde, würde ich sofort wieder hinter Verstrebungen geführt werden. Ich zog mir ein schwarzes Tuch über den Kopf und versuchte möglichst meine europäische Verkleidung zu verhängen. Auffallend natürlich meine Größe, ich bin 1,84 m groß, aber irgendwie sollte es schon gut gehen. Mein Ziel war es, ich wollte mit der chinesischen Bevölkerung ins Gespräch kommen, ich wollte mit ihnen Eindrücke teilen und ich wollte auf keinen Fall abgesperrt sein, hinter einem Gitterwerk.

Ich musste, um zu den Chinesen zu kommen, das Deck wechseln, denn am oberen Deck waren nur die Europäer und im unteren Deck und ganz unten in der Nähe des Maschinenraumes waren die chinesischen Passagiere untergebracht.

Da ich das Ganze am späten Abend gegen 22:00 Uhr machte, war es draußen schon dunkel und auch in den Gängen war nur eine sehr karge Beleuchtung.

Ich ging die Treppe hinunter, zur unteren Ebene, und sah Hunderte von chinesischen Männern, Frauen, Kindern, alten Menschen, kreuz und quer auf dem Schiff verteilt sitzen. Bänke, Sitzbänke, Schlafbänke standen nicht zur Verfügung. Alles befand sich auf einer Ebene. Die Lichtverhältnisse waren sehr karg, Kinder lagen auf dem Boden, der vibrierte, weil gleich darunter die Maschinen für dieses große Schiff, lautstark ratterten.

Es war sehr laut und viele ältere Menschen lehnten an den Seitenwänden ihre Köpfe an, die durch die Erschütterungen der Maschinen ständig vibrierten. Ich stand an der Tür und überschaute diese Menschengruppe. Ich konnte sie nicht zählen. Hundert, zweihundert, das ganze Schiff war eine Menschentraube. Jeweils links und rechts des Schiffes waren offene Türen, die etwas Sauerstoff und Wind hineinbrachten in den großen Raum, der aufgrund der Fülle der Menschen natürlich sehr unangenehm roch.

Menschen, die andere Ernährung zu sich nehmen, haben auch eine andere Ausdünstung und diese Geruchswelt schwall mir, oben an der Tür stehend, stark entgegen. Ich lernte immer ein Tuch an meinem Hals zu tragen, sodass ich zu jeder Zeit meine Nase vor zu extremen Gerüchen abdecken konnte, da sonst sehr schnell ein Würgegefühl einsetzt. Ich versuchte mich sehr ruhig zu verhalten, denn ich wusste, wenn einer mich sehen würde, würden alle Hunderte aufgeregt und überrascht reagieren und ich wusste nicht, welche Auswirkungen das auf meinen „Freilauf" hatte.

Ich sah wie Hühner und Enten, die teilweise noch lebten, teilweise tot waren, mitgenommen wurden. Es wurden auch Getreidesorten und Reis transportiert und viele der älteren Menschen legten sich auf die Reissäcke. Wie ein Wunder schliefen die Kinder bei diesem ganzen Geratter. Im Verhältnis zu unseren Kinderzimmern, die doch sehr nobel und ruhig ausgestattet sind, war diese Begegnung eine besonders Herausfordernde. Ich wusste jetzt noch nicht, dass ich auf meinen nachfolgenden Reisen durch sehr viele Länder noch sehr viel ärmere Kinder und Lebensumstände von Kindern zu sehen bekam.

Als ich draußen außerhalb des Raumes an dem Rand des Schiffes entlang ging, fand mich ein kleines Mädchen. Wenn man sich die Situation heute betrachtet, vorstellt, für jeden sicher eine besondere Situation. Es war Vollmond, das Schiff geleitete langsam durch die großen Schluchten des Jangtse Rivers.
Außen an Deck stand ein kleines Mädchen von vielleicht 90 cm, einer großen Frau mit 1,84 m gegenüber, wohl wissend, dass wir uns nicht verstehen werden und das ein Laut von ihr mich hätte

bewegen müssen, wieder hinter unsere gesicherten „Gitterwände" zu kommen.

Meine erste Bewegung war, ich führte meinen Zeigefinger zum Mund, um zu zeigen, von uns aus gesehen, sei leise. Genau an dieser Stelle fängt es an, in einem Land, in dem man sich durch die eigene Mundart nicht versteht, interessant zu werden, denn was glauben sie hat das Kind verstanden?

Im gleichen Moment zog mich das Kind zu sich herunter, dass ich also auf gleicher Höhe war, und schreite mir ins Ohr, mit all seiner kindlichen Stimmkraft in der chinesischen Sprache. Ich zuckte zusammen und schaute das Mädchen an. Vermutet habe ich in diesem Moment, dass sie mein Zeichen, den Finger vor den Mund zu halten, so zu interpretierte, dass ich nichts verstehe, dass meine Ohren vielleicht tot sind und deshalb ganz, ganz laut schreien musste. Sie freute sich, es musste also etwas Schönes gewesen sein und ihre Augen leuchteten in dem nächtlichen Schein des Mondes.

Anschließend fing sie an zu tanzen. Vor mir tanzte also ein noch nicht einen Meter großes Kind, dass seine beiden Händchen über dem Kopf zu einer Spitze formte, leise sang und sich wunderschön bewegte. Inzwischen hatte ich mich auf den Boden gesetzt, um ihr zuzuschauen.
Ich versuchte durch meinen Gesichtsausdruck zu zeigen, wie sehr mir ihr tanzen gefällt. Nach einiger Zeit kam ganz leise ihre, ich denke mal, Mutter dazu. Eine junge chinesische Frau, der es sehr gefiel, dass wir uns so nett „unterhalten" konnten. Immer wenn ihr Tanz zu Ende war, hörte sie auf zu singen und ich

klatschte leise dazu, was wiederum ein großes Lächeln auf ihrem wunderschönen chinesischen Gesicht zeigte.

Ihre Mutter saß leise am Rand des Schiffes und beobachtete uns. Ich fand diese Situation wundervoll, denn ich hatte den beiden viel zu verdanken. Wäre sie noch lauter gewesen, hätte sie alle Aufmerksamkeit von allen auf sich gezogen, und gleichzeitig wäre meine Begegnung hier zu Ende gewesen, dass wusste ich und sicherlich auch die Mutter.

Scheinbar war es den chinesischen Passagieren klar, dass wir getrennt bleiben sollten, Touristen und sie selbst und wenn jemals ein Mensch sich getraut hätte, diese Trennung zu untergraben, wussten sicherlich die chinesischen Passagiere am besten, was mit mir in diesem Moment passieren würde.

Die Mutter ging leise in diesem großen überfüllten Raum zurück und kam mit einem Glas „weißen Etwas" zurück. Das „weiße Etwas" war eingelegt in einer Flüssigkeit und meine erste Assoziation war natürlich „Schlange". Ich hatte einen Tag zuvor Schlangenfleisch gegessen, das eigentlich sehr wohlschmeckend und durch die Schwanzmuskulatur auch sehr fest war.
Dennoch musste ich mir diese Köstlichkeit am nächsten Tag nicht schon wieder gönnen, deshalb war ich etwas verhaltend. Aber die junge Frau lies ihrem guten Wollen nicht nach und gab mir das Glas mit dem „weißen Etwas" in die Hand, ich solle kosten.

Nun denke ich, gebiert es aller Höflichkeit der Gastfreundschaft gegenüber einem fremden Land, dass was eigentlich der Familie galt, nicht abzulehnen. Ich öffnete also das Glas, wohlriechend süßlich, und versuchte ein kleines Stück von diesem „weißen Etwas". Überraschenderweise war es sehr wohlschmeckend.

Es schien eine eingelegte Frucht zu sein, die mich erfrischte. Natürlich gingen mir zuvor tausend Gefühle durch den Magen und durch den Kopf, aber ich hatte gelernt, eigene Gedanken und Blockierungen zu überwinden und zugunsten einer neuen Erfahrung neues auszuprobieren.

Mittlerweile kam auch noch der Papa und die zwei größeren Schwestern zu unserer Tanzveranstaltung und jedes Mal, wenn sie in einer leisen Sprache anfingen, auf Chinesisch mit mir zu sprechen, zeigte ich meine rechte und linke Hand an die Ohren, zog die Schultern hoch und erhoffte, dass sie verstehen, dass ich nicht sprechen und nicht verstehen kann. Aber genau das Gegenteil kam mir auch hier entgegen, sie schrien mir in die Ohren, sie dachten sicherlich, dass ich ohne Gehör sei.

Bevor ich diese Reise startete, lernte ich zwei Jahre in der Abendschule in Mainz an der Universität Chinesisch. Die Sprache ist eine wunderschöne Sprache, doch sie zu lernen bedarf, die ganze Aufmerksamkeit, die dieses Abenteuer braucht.

Die Sprache setzt sich aus fünf verschiedenen Tönen zusammen, wovon jeder Ton eine andere Bedeutung hat. Den jeweiligen Silben werden Töne zugeordnet, die dann die

Bedeutung des Wortes ausdrücken. Von der Richtung her ist diese Sprache ganz anders aufgebaut als unsere deutsche Sprache.

Auch jedes Schreibzeichen steht im Zusammenhang mit der Natur, mit dem Mond, mit der Sonne, mit der Erde, mit dem Getreide, mit dem Reis, also im Großen und Ganzen eine hoch spannende und interessante Sprache und auch Schrift, aber um sie nebenbei zu lernen, braucht man dazu schon sehr viel Zeit, die mir aufgrund meiner nationalen und internationalen Aktivitäten nicht blieb.

Ich freute mich dennoch, wenn die kleine Lee, wie sie hieß, mich mit meinen einzelnen Worten Stern, Mund, Schiff und Schönheit verstand. Sie lachte etwas, weil sie sicherlich merkte, dass meine Aussprache und meine Phonetik nicht der entsprachen, wie sie es gewohnt war. Dennoch hat sie mich verstanden und wohlwollend angelacht.

Mittlerweile, das ist sicher typisch für China, kann man solche Situationen nicht für sich behalten. Es kamen noch der Opa und die Oma und die Tante und der Onkel und von den Eltern die Verwandten, also rundherum standen 30 bis 40 Familienangehörige um mich herum, die dieses Zusammenspiel der Familie und mir sehen wollten. Es war wie ein kleines Kino, was sich dort abspielte und ich wusste, dass das nicht lange gut gehen konnte. Irgendwann musste die „Hauspolizei", wie ich sie nannte auftauchen, um genau diesen kulturellen Austausch der damals nicht so sehr gewünscht war, zu unterbinden.

Wenn ich heute 25 Jahre später in China bin, hat sich viel geändert.

Ich vergleiche die Offenheit, die sich sehr entwickelt hat. Ich freue mich, wenn Chinesen stolz darauf sind, englisch sprechen und sagen können, was sie schon alles gesehen haben und wo sie schon in ihrem Land und auch in anderen Ländern gereist waren. Damals schien das schier unmöglich, dass selbst ein Professor der dortigen Universität nicht außerhalb von Peking jemals unterwegs war.

Da der Abend aber so wunderschön war, genoss ich diese gesamte Atmosphäre, des zarten Sommerabendwindes durch meine Haar, die schöne Begegnung mit der Lee und ihrer großen Familie, die Köstlichkeiten, die mir entgegen gebracht wurden und unser gemeinsames Singen gegenseitig.
Denn auch ich fing langsam an deutsche Lieder, deutsche Volkslieder zu singen, die mit voller Aufmerksamkeit von Lee verfolgt wurden.

Wir verbrachten eine ganz Weile in dieser Harmonie und vorbei an vielen Schluchten des Jangtse kam irgendwann ein chinesischer „Offizier", in einer grünen Uniform, hochgestreckten Hauptes an dieser Reling vorbei. Ich strahlte ihn an, denn die Herzensfreude, die ich von dieser Familie geschenkt bekommen hatte, strahlte so aus meinem Gesicht, dass auch er nicht anders konnte als ein wenig, ich unterstreiche ein wenig, zu strahlen. Mir fiel schon vorher auf, dass das chinesische Militär oder auch Ordnungsdienste nicht gerne Mimik zeigen. Mir ist nicht bekannt, ob es den Menschen verboten wird oder ob sie selbst nicht wollen, aber eine gewisse Mimik habe ich selten von diesen Ordnungsdiensten gesehen.

Doch dieser Offizier zeigte ein wenig Mitgefühl und bat mich sehr freundlich, aber bestimmt, mitzukommen auf mein oberes Deck. Da ich wusste, dass ich in diesem Moment keine Möglichkeit hatte, irgendetwas anderes auszudrücken, ging ich einfach mit. Aber ich hinterließ Lee, die so schön tanzte und so wunderschön sang, die mir noch heute, 25 Jahre danach in einer wunderschönen Erinnerung ist und der ich die ersten großen Begegnungen mit der chinesischen Sprache ohne fremde Hilfe zu verdanken habe. Ihre Augen zeigten Tränen, als ich „abgeführt" wurde.

Was wohl heute aus Lee geworden ist? Oft denke ich an sie, wenn es um das Menschliche in unserem Leben geht. Wie viel Freude und Spaß hat sie in ihrem Leben aufgebaut und was davon konnte sie behalten.

Der Offizier brachte mich sicher in meine Kajüte zurück, wenn gleich ich keine Angst auf diesem Schiff hatte, dennoch war ich, ja sehr abgekapselt und hinter den Gittern versteckt.

Am nächsten Tag wurde mir natürlich gesagt, dass dieses Verhalten nicht erlaubt ist und das wegen „unserer Sicherheit" diese Schutzmaßnahmen getroffen werden.

Ich habe nicht verstanden, warum es Schutzmaßnahmen sein sollten. Denn diese Menschen, die ganz unten in dem Schiff auf ihren Reissäcken meines Erachtens teilweise auch kraftlos herumlagen, und ihre mitgenommen Hühner und Enten bewachten, haben auf mich in keinster Weise angstauslösend gewirkt. Vielmehr war es meine Wahrnehmung, dass man den Touristen die eigentlichen Transportbedingungen, die die Chinesen aushalten mussten, nicht zeigen wollten, denn wir als Touristen hatten jeden Komfort, das musste man einfach sagen.

Am nächsten Abend stand ich nach einem wunderschönen Tag wieder hinter meinen Gittern an der Reling und mit großem Schreck habe ich Lee gesehen. Sie kam und wollte mich suchen. Für Lee war es aber sehr gefährlich zu mir zu kommen. Denn ich wusste nicht, was die Offiziere mit dem kleinen chinesischen Mädchen machen würden, wenn sie es in unserer Nähe finden würden. Nun hatte ich, die für mich große Aufgabe, dem kleinen Mädchen zu sagen, sie solle wieder zurückgehen, ohne dass ich ihre Sprache sprechen konnte.

Dieses Zurückgehen konnte ich nur mit Handdeutungen vollziehen und ich wusste, dass sie das sehr traurig machen würde. Ich hoffte sehr, dass sie verstand, dass es zu ihrer Sicherheit war, aber ausdrücken konnte ich dies nicht. Nur über unsere Augen, die sich tief begegneten und die auch beide Tränen hatten, wusste ich, dass sie mich verstehen würde. Ich zeigte ihr den Weg wieder zurück zu ihren Eltern, mit der Hand, und bat sie freundlich zurückzugehen.

Ich versuchte alle Liebe in meine Sprache einzulegen, damit sie über die Stimme verstehen und ahnen konnte, wie ich es gemeint hatte. Langsam, ganz langsam auf ihren kleinen chinesischen Füßchen ging sie rückwärts den Weg zurück. Lange, sehr lange begegneten unsere Augen uns noch und ich fühlte, wie schwer es uns gefallen ist, diesen Abschied zu nehmen. Die kleine Lee hatte in mir eine so große Berührung erreicht, mit ihrer Schönheit, mit ihrer vertrauensvollen Haltung und mit ihrer kindlichen Neugier. Ich denke oft an dich – Lee.

Damals wusste ich noch nicht, dass ich in mehr als 80 Ländern in Kinderheimen, Kindergärten und Schulen hilflose, kranke und mittellose Kinder unterstützen würde.
Aber ich bin mir ganz sicher, dass diese Begegnung mit diesem kleinen Mädchen damals in mir einen so großen Einfluss gesetzt hatte, dass all die darauffolgenden Erfahrungen und Begegnungen sich wieder an diese Begegnung erinnerten. Dass ich später auch für unsere Studierenden im Ausland Hospitations- und Projektplätze suchen werde, konnte ich damals noch nicht ahnen.

Erst durch die vielen Gespräche mit unseren Studierenden, die ich im beruflichen Kontext ausbilde, fand diese Entscheidung statt. Aber ich weiß sehr wohl, dass die erste Begegnung mit Lee, die Entscheidende war, um hierauf die internationalen Netzwerke aufzubauen. Das war die Herzöffnung für diese Arbeit, aber die beobachtende Armut, die grenzenlos erschien und die ich dann in den folgenden Jahren auch noch erkannte und der ich hautnah begegnete, schuf eine hohe Motivation einen kleinen Baustein gegen diese Armut, teils Kinderarmut, teils aber auch Erwachsenenarmut zu setzen.

Die spätere Begegnung mit Mutter Theresa in Kalkutta und der großen Armut dort, haben dieses Bild in mir noch gefestigt. Wie sehr doch „Ein-Flüsse" einen Menschen in seiner Arbeit prägen. Oft sind es Begegnungen, menschliche Berührungen und eine Vision für eine solche Arbeit, um das Herz zu öffnen und die Motivation zu gewinnen, eigene und fremde Grenzen zu überschreiten. Später haben mich diese Gedanken weiter bewegt und in den vielen Gesprächen mit Mutter Theresa zum Beispiel auch bestätigt.

Es war für mich sehr hilfreich Menschen zu begegnen, die sich ebenfalls mit diesen Fragen auseinander setzten.

Neue Erfahrungen öffnen neue Ideen

Mit vielen Bewegungsmitteln wie Fahrrad, Schiff, Flugzeug, Bahn und Bus, vorbei an Kweilin, den wundervollen Kasthügeln und Kanton, der pulsierenden Stadt, ging es Richtung Hongkong. Hongkong vor 25 Jahren war sicher ein anderes Hongkong, wie wir es heute kennen. Damals war Hongkong britische Kronkolonie und jede Stadt musste einen harten Überlebenskampf führen. Man merkte das gleich, wenn man mit dem Zug von Kanton Richtung Hongkong einfuhr, dass die mitfahrende Bevölkerung eine größere Bereitschaft hatte ihren Ellenbogen einzusetzen, wie wir es aus dem nördlichen China kannten. Dort sprach man ein größeres Maß an Englisch, wie wir es aus dem Norden herkannten und man musste selbst um seine Formalitäten, wie Pass und Visum mit sehr viel größerer Sorgfalt verfolgen, da ständig irgendwelche Ellenbogen einem die Seitenteile seiner Figur beschädigten. Um nicht zu sagen es war ein Hauen und Stechen und es machte wenig Spaß seine Touren zu gestalten.

Natürlich war der Blick auf Macao ein wunderschöner Anblick und die pulsierende Schiffswelt, die sich dort auf den Wasserstraßen vorgefunden haben, beeindruckten mich schon sehr. Tausende von kleinen Schüsselchen wurden mit Essen gefüllt und das teilweise auf sehr kleinem Raum mitten auf einem noch kleineren Schiff. Es war hochinteressant dem Wuseln und Wirken der Hongkongchinesen zuzuschauen, wenngleich es eine Fülle von Informationen gab, die einem sofort in den Kopf schoss.

Die Hauptfrage, die ich mir stelle, wenn ich heute 25 Jahre später in China sitze, in dem Jahr in dem die Olympischen Spiele in Peking stattfinden sollten, was hat die Welt verstanden? Was hat die Welt weiterentwickelt? Was hat China verstanden? Was hat China weiterentwickelt? Wenn ich vor 25 Jahren in einer jadeverarbeitenden Manufaktur war und gesehen habe, dass Frauen 10 Stunden, das Rohmaterial Jadesteine im Wasser schleifen mussten, zu wunderschönen Skulpturen, die dann zu hohen Preisen auf dem Weltmarkt verkauft wurden und die chinesischen Frauen einen Hungerlohn von umgerechnet 50 Pfennige damals, also eine halbe D-Mark erhielten. Und wenn ich heute die 11000 Arbeiter in der Deda-Hühnerverarbeitungsfabrik in Dehui sehe, die am Tag 375.000 Tiere portionieren, es ist die Frühschicht in der Zerlegebatterie, dass Werk liegt in einer der ärmsten Gegenden Chinas nicht weit von der Grenze zu Russland und Nordkorea.

Die Menschen arbeiten in einem 8-Stunden-Takt, sind mit weißen Gummistiefeln, rosafarbenen Plastikmänteln mit Kapuze angezogen, darüber hellblaue Gummischürzen und hellblaue Handschuhe und Armstulpen aus Plastik. Ich frage mich was hat sich in den 25 Jahren geändert, wenn ich vergleiche, dass damals die Frauen 10 Stunden lang in kaltem Wasser den Jadestein bearbeiten mussten. Tag für Tag. Ihre Kinder, die noch nicht in dem Kindergartenalter waren, saßen 10 Stunden an ihren Füssen. Nach Angaben von Amnestie International werden pro Jahr mindestens 1.000 Menschen von einem Erschießungskommando oder durch eine Giftspritze getötet. Immer wieder organisieren die Behörden öffentliche Exekutionen, vor allem, von Drogendealern, um die Bevölkerung abzuschrecken. Die Zahl dürfte tatsächlich viel höher liegen, bei etwa 8.000.

Die Ärmsten der Armen leben in Käfigen. Sie leben in Drahtboxen, gerade mal so groß, um darin zu hocken und zu schlafen. Für diese erbärmlichen Unterkünfte zahlen die Männer heute ca. 100 Euro im Monat. Die Bewohner sind Obdachlose oder Tagelöhner, die sich in Hongkong keine menschenwürdige Bleibe leisten können. Diese Käfige habe ich selbst besucht, sie sehen aus wie Vogelkäfige, haben kleine Regale, wo die persönlichen Utensilien der Bewohner abgestellt werden können und da die Menschen in der Regel sehr leicht und klein sind, passen sie in diese Gestelle, lediglich in einer gekrümmten Sitzhaltung oder in einer angewinkelten Schlafhaltung.

Als ich selbst in einer zahnmedizinischen Praxis war, konnte ich die verrosteten Zahninstrumente selbst sehen. Es wurde sehr wenig Beachtung auf sterile Zahnwerkzeuge genommen, wichtiger war vielmehr, dass das Gerät aus Europa war. Damit zeigte sich der Zahnarzt voller Freude und Stolz, dass er ein solches Gerät sich leisten konnte. Wenn wir uns heute die Militärkraft ansehen, die China aufweist, bewegen wir uns an einer Zahl mit 2,3 Millionen Soldaten, da China die größte Arme der Welt darstellt. Im Jahre 2005 gab das Land 81 Milliarden Dollar für sein Militär aus. Und diese Demonstration der Stärke wird gern zu allen möglichen Feiertagen und Festen gezeigt. Wenn der Nationale Volkskongress zu seiner jährlichen Versammlung in der großen Halle des Volkes in Peking zusammen kommt, werden 3.000 Mitglieder auf 5 Jahre berufen, ohne Wahlen. Sie nicken meist ab, was die Parteichefs verlangen und gelten als berufen. Und wohl niemand hat über lange Zeit das Bild der Deutschen vom Reich der Mitte so sehr geprägt, wie Kaiser Wilhelm der 2. als er die sogenannte gelbe

Gefahr beschwor und 1900 in seiner berühmten Hunnenrede angesichts der Ermordung des deutschen Gesandten von Ketteler über die Herrscher in Peking sagten. Die Chinesen habe das Völkerrecht umgeworfen, den Pflichten des Gastrechts Hohn gesprochen. Das ist ebenso empörend, als dies Verbrechen begangen worden ist, von einer Nation, die auf ihre uralte Kultur stolz sein kann. Selbst Mao Zedong, dem Gründer der Volksrepublik China, erschien sein Volk als ein „großes weißes Blattpapier", das man nach gut Dünken mit den schönsten Schriftzeichen voll malen könne.

Natürlich gibt es viele Interpretationen, wie Mao Zedong diese Worte verstanden hat, sicher ist nur, China war von jeher ein Land der Superlative. Im Jahr 1820 erwirtschaftete das Reich der Mitte, 1/3 des Weltbruttosozialproduktes. Schon 700 Jahre vor Gutenberg druckten die Chinesen Bücher. 1300 Jahre vor den Europäern stellten sie Stahl her. Sie erfanden das Papier, das Porzellan, den Magnetkompass und das Schwarzpulver. Sie wuschen sich mit Seife und heißem Wasser, als die Barbaren im Westen noch lange vor sich hin stanken. Tatsächlich ist Chinas Aufstieg heute zu Beginn des 21. Jahrhunderts, für den, der sich mit dem Land und seiner Geschichte auskennt, nicht überraschend. Bemerkenswert ist er trotzdem. Innerhalb von 12 Jahren hat die Volksrepublik ihr Bruttoinlandsprodukt verdoppelt, die USA brauchten dafür 40 Jahre. Das Land produziert inzwischen mehr wie die Hälfte aller auf der Welt verkauften Kameras und ¼ aller Kühlschränke. Schon jetzt verbraucht es mehr Aluminium, Kohle und Weizen, als jeder andere Staat. 460 Millionen Mobiltelefone sind im Gebrauch, mehr als sonst wo auf der Erde. Und mit Zuwachsraten von fast 20 Prozent ist es nur eine Zeit, wann auf dem 2. größten Automarkt der Welt, die meisten Fahrzeuge abgesetzt werden. Denn obwohl zurzeit nur etwa 4 Prozent der Chinesen genug Geld verdienen, um sich überhaupt ein Auto leisten zu können, werden es in 2 Jahren schätzungsweise 13 Prozent sein, das sind 170 Millionen potenzielle Käufer. Wissenschaftler sehen China 2040 als Wirtschaftsmacht Nr. 1 auf diesem Planeten. Der Chef Repräsentant der BASF in Peking und Präsident der europäischen Handelskammer Jörg Wuttke sagte: „China ist das größte Comeback der Geschichte".

Als ich an der Universität in Peking vor 25 Jahren war, lernten die chinesischen Studenten schon, dass in den vergangen Jahrhunderten schon immer ausländische Menschenmächte China gedemütigt haben. Die Briten betäubten uns mit Opium und begannen 1840 einen Krieg. Die Japaner ermordeten 1937 in der damaligen Hauptstadt Nanjing 300 Tausend Männer, Frauen und Kinder. Als ich mit den Studenten in Peking gesprochen habe, waren sie stolz auf ihre Nation, die sich sehr stark entwickelt hat. Und auch jetzt 25 Jahren danach erinnere ich mich als ich in Jinghong mit einem der wenigen Studenten, die gut Englisch sprechen konnten mich unterhalten habe, wie sie stolz auf die Möglichkeit sind, in diesem Jahr 2008 die Olympischen Spiele auszutragen. Für die junge Generation bietet das einen riesen Fortschritt der Welt zu zeigen, dass sie mit teilhaben wollen an dem großen Ganzen und nicht wie Jahrzehnte, Jahrhunderte, weit weg sind, von der übrigen Welt. Glaubt man heute der Propaganda, hat Chinas letzter Aufbruch aus der selbst gewählten Isolation vor 30 Jahren begonnen. Damals setzte Deng Xiaoping, der mächtige Mann nach Mao, seine Politikreform und -öffnung in gang. Doch diese Öffnung ist in Wahrheit bis heute nur zum Teil erfolgt. Denn die Führung in Peking wollen, nach Aussagen der Menschen in Jinghong zwar moderne Technologie, aber keine moderne neue Gesellschaft.

Hier ein paar Beispiele. Bereits 1215 unterschrieb König Johann von England die sogenannte Magna Carta, wonach niemand ohne Gerichtsurteil ins Gefängnis gesperrt werden darf. In China gilt 800 Jahre später solches immer noch nicht. Ich habe selbst erlebt, wie das Militär zum Schutze der Touristen, so wurde das angegeben, verfährt. Wenn wir uns an den Aufstand auf dem großen Platz des himmlischen Friedens der Studenten erinnern, hat das Militär versucht, diesem politischen Aufbegehren mit Panzern zu antworten. Chinas Führer geben noch heute vor, für das chinesische Volk zu sprechen, doch sie sind durch nichts legitimiert.

Als ich im Jahre 2000 von Zcheng mu/Kathmandu nach Tibet einreiste, stand ich an dem Grenzübergang. Ich musste einige Zeit warten, da ich ohne einen chinesischen Führer in Tibet nicht einreisen durfte. Ich schloss mich einer kleinen 6-köpfigen Gruppe an, die durch ein Gruppenvisum in Tibet einreisen durfte. Als wir dort am Grenzübergang auf unser Gruppenvisum warteten, kam eine hochschwangere nepalesische Bauersfrau, den steilen, schottrigen Weg nach oben gelaufen.
Sie hatte ein kleines Kind auf den Schultern sitzen und auf dem Rücken einen Korb mit Getreide. Plötzlich sprang ein chinesischer Soldat, der vollkommen betrunken war, von seinem Stuhl auf und trat der nepalesischen hochschwangeren Frau in den Unterbauch.
Sie stürzte zu Boden und das Kind, das auf ihren Schultern saß ebenfalls. Eine irische Frau und ich liefen sogleich zu der Frau hin, die Irin kümmert sich um die Frau und ich versuchte den betrunkenen Soldaten aus diesem Gefahrenherd herauszuziehen. Das Ergebnis war, dass ich einen Tag im chinesischen Gefängnis saß.

Es war zu vermuten, das es den Chinesen hoch unangenehm war, vor uns 6 internationalen wartenden jungen Menschen, ein solches Drama abzuspielen.

Es wurde nicht gesprochen, von der chinesischen Polizei, ich hatte keinerlei Unterstützung in diesem sogenannten Gefängnis, ich bekam kein Essen und kein Trinken. Ich wollte mit jemand reden, der Verantwortung trug, das wurde mir verwehrt und nach einem Tag wurde ich entlassen, allerdings lediglich aufgrund dessen, dass ich Teil des Gruppenvisums war und ohne mich die Gruppe hätte nicht weiter reisen können.

Von daher kann ich sehr gut ermessen, welches Ausmaß politischer Entscheidung und politische Macht China hat. Im Übrigen verlor die Frau ihr Kind und hatte keinerlei finanzielle oder soziale Unterstützung von China erhalten.

Mao Zedong war nach Jahrzehnten der Wirren und des Bürgerkriegs bereit mit Härte gegen feudale Tradition und Privilegien vorzugehen Doch ausgerechnet das turbokapitalistische Hongkong, bis 1997 „Kolonie der Verhassten" ist heute Vorbild für das ganze Reich. Heute ist Hongkong das Shopping Paradies für die armen Verwandten vom Festland und die ganze Stärke wird in Peking und Shanghai demonstriert. Heute wird noch regelmäßig in China über das Fernsehen gezeigt, welchen Einfluss Mao Zedong und Deng Xiaoping auf die Geschichte hatten. Mao schaffte das Privateigentum ab und zwang Millionen Bauern in Volkskommunen, während seine Nachfolger das Land kapitalistischer machten, als jedes andere Land. Selbst heute darf man nicht über das Massaker von Tianamen reden.

Bedenken muss man, das China kein einheitliches Gebilde ist, sondern ein Vielvölkerstaat aus 56 Nationalitäten. Zwar wird die Vielfalt in populären Schlagern besungen und im Fernsehen treten Ethnien in ihren traditionellen Trachten auf, aber immer wird verschwiegen, dass es zwischen den Han-Chinesen, die 90 Prozent der Bevölkerung stellen und das Land regieren und den diversen Minderheiten starke soziale Konflikte bestehen.

Ich kann mich sehr gut erinnern, als vor 25 Jahren noch in jedem Gebiet, wo man lebte, wo man zur Schule ging, wo man seinen Kindergarten besuchte, seine Schule besuchte, abgestimmt werden musste, wer eine Ausbildungsstelle bekommt, wer heiraten darf, wer eine Wohnung erhalten darf und wie die Verpflegung außerhalb der Familien läuft. Denn generell wird die Pflege der alten Menschen innerhalb der Familien vorgenommen. Damals wurde sehr deutlich gemacht, dass jede persönliche Entscheidung abgestimmt werden muss, in dem jeweiligen Wohnviertel, mit dem politischen Ziel, die Überbevölkerung und deren Auswirkungen zu steuern.

Vor einigen Wochen überholte China die USA als Internet-Nation Nr. 1. Mit 220 Millionen Nutzern steht jetzt China an der Weltspitze. Die Volksrepublik braucht das Netz, um wirtschaftlich voranzukommen. Gleichzeitig aber hat Peking die Zensur verschärft. Blogschreiber ließen nach einer neuen Regelung ihre Identität preisgeben. Schon jetzt sitzen mehr als 50 von ihnen wegen kritischen Äußerungen hinter Gittern. Und ich kann mir persönlich sehr gut vorstellen, was das bedeutet, denn ich habe selbst die Erfahrung machen müssen, wenn man in China der eigenen Meinung Ausdruck verleiht und sei es auch nur für ein Menschenrecht, ist das bereits die Eintrittskarte für ein Gefängnis.

China hat dank seiner engagierten und geschäftstüchtigen Menschen das Potenzial eine politische, wirtschaftliche und kulturelle Macht zu werden, die weltweit bewundert wird, aber China muss lernen die inneren Balancen zu finden, um Demokratie, Meinungsfreiheit sowie Entscheidungsfreiheit und Macht nicht als Gegensätze partikulieren zu lassen sondern im Sinne der Integration und Koalition zu betrachten.

In den vergangenen 1000 Jahren verändern starke Einflüsse aus Buddhismus und Daoismus die strenge Denkschule des Konfuzianismus. Unverändert aber sind die Haupttugenden: Menschlichkeit, Rechtschaffenheit, Sittlichkeit, Weisheit und Aufrichtigkeit. Wer diesen Tugenden und den damit verbundenen

Pflichten folge, verändere sich zum Guten, was laut Konfuzius eine Kettenreaktion auslöst. „Ist die eigene Passion in Ordnung, so ist die Familie in Ordnung, ist die Familie in Ordnung ist der Staat in Ordnung, so ist die Welt in Ordnung". Die Lehre des Konfuzius, zur Zeit Maos noch verteufelt und verfolgt, erlebt heut eine neue Blüte. Sein strenges ethisches Regelwerk bedeutet für viele Chinesen ein philosophisches Fliegengewicht zum boomenden Westkapitalismus. Wie uns Chinesen in Jinghong erzählten, ist es inzwischen wieder chic sich auf den alten Herrn zuberufen und auch in den vielfältigen DVD-, CD- und Videoläden sind Bänder von gesprochenen konfuzianischen Texten zu finden. Außerdem ist der lange Marsch, als maoistisches Bauernopfer, als Musik-CD zu finden.

Soweit ein Rückblick in die Zeitgeschichte.

Als ich jetzt vor Kurzem in einem chinesischen Schulprojekt war, war ich begeistert mit welche einer Offenheit und Lebendigkeit wir empfangen wurden. Unser gut englisch sprechender Führer organisierte uns ein Taxi und fuhr uns in eine außerhalb von Jinghong gelegene Schule, die hocherfreut ist an einer Zusammenarbeit mit deutschen Studenten. Allerdings ist hier die Voraussetzung chinesisch sprechen zu können. Wir trafen auf eine Schule mit 67 Kindern und einen Kindergarten, der angeschlossen war mit 43 Kindern. Die Schule sowie auch der Kindergarten waren sehr gut ausgestattet, mit Büchern, Lernmaterial und Spielen. Am Mittag gab es ein organisiertes Mittagessen, bestehend aus Reis, Fisch und einem Getränk, sodass auch hier die Kinder neben Gymnastik, Tanz und Sport eine rundum Betreuung erfahren können. Die Schulzeit geht von 08:00 Uhr bis 17:00 Uhr, wenn es Schwierigkeiten mit

Schulnoten oder mit Beziehungen untereinander gibt, helfen die Lehrer sowie auch die dortigen Sozialarbeiter in den Familien weiter.

Unser gut englisch sprechender Führer sowie die Lehrerin waren sehr stolz ihre Schule, ihre Errungenschaften und insbesondere ihre fröhlichen Kinder vorzustellen. Wir sind in Bezug auf die chinesische Philosophie, die Langnasen und alle Kinder freuen sich, wenn sie uns Langnasen auf der Straße beziehungsweise hier in der Schule kennenlernen können. Freudig wie aus Rand und Band rannten die Kinder auf uns zu und freuten sich sehr.

Während dessen uns die Lehrerin und der englisch sprechende Führer, dass gesamte Areal der Schule und des Kindergartens zeigten, konnten wir sie im Gespräch dazu gewinnen, dass uns für interessierte, sozial interessierte Menschen, eine Hospitationsstelle zur Verfügung stellen können. Das heißt, wenn heute ein Student oder ein sozial angagierter Mensch dort arbeiten möchte, ist dies sehr gut möglich. Wie gesagt, Voraussetzung ist allerdings, dass man perfektes Chinesisch sprechen kann.

Wir bedankten uns sehr für die freudige Aufnahme, die ja sehr spontan war, und fuhren mit unserem Führer weiter. Die Begegnung führte in ein Gebiet, in dem heute noch 63 Minderheiten von China leben, China greift ja auf eine sehr alte Geschichte zurück und hier in dieser Gegend um Jinghong leben noch die meisten Minoritäten. Etwas versteckt, man muss schon wissen, wo genau die Menschen leben, liefen wir durch die kleinen Dorfstraßen, konnten sehen, wie die alten und jungen Menschen zusammenlebten, konnten sehen, wie die verschiedenen Bauweisen sich in den Kulturen unterschieden haben und konnten feststellen, welchen sozialen Stand, die jeweiligen Gruppierung hatten. Die einheimischen Sprachen ähnelten sich zwar, waren aber in der Aussprache sehr verschieden. Das ist das, was wir über die Phonetik hören konnten und der Führer erklärte uns die Unterschiede.

Wenn wir durch diese Dörfer liefen, war der Wandel, war Peking, war die Olympiade 2008 sehr weit weg.

Selbst in Jinghong, der größeren Kreisstadt fanden wir sehr selten Menschen, die englisch sprechen konnten. Wir wurden zwar als einzige Touristen in diesem Bereich wahrgenommen, durch ein, zwei Augenkontakte und dann lief das normale Leben weiter.

Jinghong ist eher eine Modernstadt geworden, die Einkaufszeile zeichnete sich durch die Werbelabels der bekannten Firmen aus. Nur am Abend und das war sicherlich sehr typisch für diese Gegend fanden sich Jung und Alt zusammen, um zur ihrer Musik zu tanzen, zu singen und eigene Musik zu machen. Für unsere Ohren hört sich die chinesische Musik sehr fremdartig an. Wenn man aber sich Zeit nimmt und den Tönen genau lauscht, so sieht man die Begeisterung der singenden und musizierenden Menschen und es macht einem Spaß, diese fremdartige Musik schön zu finden.

Auch hier brauch es eine Zeit der Gewöhnung und Toleranz.
Es braucht auch eine Zeit der Besinnung, wenn man in einem Speiselokal ein Mittagsmenü bestellt und statt einem Mittagsmenü fünf verschiedene Getränke bekommt. Auch hier braucht es Zeit und Geduld zu verstehen, dass Englisch nicht die Erstsprache ist, in diesem Land und das Englisch nur sehr wenige Menschen in Jinghong sprechen können.

Hongkong hingegen und viele, viele andere Großstädte in China sind ausgestattet mit englischen Schreibweisen, mit englischen Straßennamensschildern und es ist kein Problem, verstanden zu werden.

Menschen und soziale Systeme brauchen ihre Zeit der Veränderung. Nicht nur der wirtschaftliche Faktor allein prägt eine Zukunft, sondern auch die inneren Werte und Bilder, die die Menschen in ihrer Veränderungsentwicklung erleben, prägen ein Gesamtbild und prägen auch die Zufriedenheiten und das Lebensgefühl in einem Land oder Kontinent. Nach meinen Erfahrungen und vielen Gesprächen mit Menschen aus sozialen Einrichtungen sowie aus Wirtschaft und Politik lassen mich mutig machen, eine kleine Zusammenfassung zu finden. Fahren Sie selbst nach China, machen Sie sich ein Bild über das Heute, geben Sie den jungen und älteren Menschen die Chance, wie uns auch selbst an einem riesen großen globalen Prozess teilzuhaben, der am Anfang steht. Wir geben uns dadurch die Möglichkeit zu wachsen, zusammen zu wachsen, aber auch unsere eigenen Felder und Möglichkeiten zu erkennen. Die junge Generation ist bereit zum Aufbruch und das ist wunderschön mitanzusehen, mit welch einer Fröhlichkeit
und Lebendigkeit sie stolz sind auf ihr Land, auf die Größe des Landes und auf das was sie inzwischen mit Erfolg erreicht haben. Wir alle brauchen Chancen, wir alle brauchen Möglichkeiten und wir alle brauchen Toleranzen, damit diese Werte sich entwickeln können.

Ich selbst bin inzwischen im Reich meiner Mitte angekommen. Es war tatsächlich meine eigene Mitte, die ich gefunden habe und in der ich viele Werte fand, die ich mir zu Beginn der Reise nicht vorstellen konnte. Auch der Besuch im Shaolin-Kloster in China half mir dabei, meine innere Mitte zu finden.

Gerade wenn vielleicht Sie oder Ihre Kinder, Freunde oder Verwandte vor diesem Schritt stehen, in einen anderen Kontinent oder auch nur ein anderes Land für eine längere Zeit zu gehen, in einem Projekt zu leben oder auch zu arbeiten, machen Sie ihnen Mut, zeigen Sie ihnen Chancen der Entwicklung auf und nehmen Sie Kontakt auf, vielleicht auch mit ihrer eigenen Angst, die sich hinter dem Verlassen werden oder dem Entfernen fühlen lässt. Denn hinter der Angst liegt die Freunde, der Mut und die Kraft.

Meine Erfahrung ist, wenn wir uns auf diese neue Erfahrungen einlassen, entwickeln wir uns beide, die die voranschreiten und die, die uns voranschreiten lassen. Mit Toleranz, Leichtigkeit und Lebensfreude finden wir diesen Weg zueinander und sind im Nachhinein froh darüber, den Mut gefunden zu haben, den eigenen Weg in das eigene Reich der Mitte zu finden.
Dazu lade ich Sie ein und dazu möchte ich auch Mut machen, mit diesem Buch.

Ich danke allen, die mich auf diesem Weg vor 25 Jahren begleitet haben, die mir durch ihre Gespräche, die Angst genommen haben und die mir durch ihr Vorleben gezeigt haben, dass der positive Glaube Berge versetzt.

Ich möchte Ihnen außerdem ein Angebot machen. Wenn Sie an einer Wegkreuzung stehen und Zweifel größer sind, als Hoffnungen, Wünsche und Freude, mailen Sie mir unter meiner E-Mail-Adresse: KarinEngel1957@yahoo.com, sich mitteilen verbindet.

Viel Glück.